商业银行经营管理人员阅读经典译丛

银行业新时代
金融危机后的行业格局

A NEW ERA IN BANKING
THE LANDSCAPE AFTER
THE BATTLE

胡安·佩德罗·莫雷诺（Juan Pedro Moreno）

莫洛·F.吉伦（Mauro F. Guillén）

安赫尔·贝尔赫斯（Angel Berges）

埃米略·昂提沃罗丝（Emilio Ontivero）◎著

于东智　陈　骁　彭　博◎译

中国金融出版社

责任编辑：李 融 董 飞
责任校对：张志文
责任印制：赵燕红

北京版权图书登记图字 01-2015-6993

《银行业新时代》一书中文简体字版专有出版权由中国金融出版社所有，不得翻印。

图书在版编目(CIP)数据

银行业新时代：金融危机后的行业格局 / （英）胡安·佩德罗·莫雷诺（Juan Pedro Moreno）等著；于东智，陈骁，彭博译. — 北京：中国金融出版社，2018.5

ISBN 978-7-5049-9533-9

Ⅰ.① 银… Ⅱ.① 胡… ② 于… ③ 陈… ④ 彭… Ⅲ.① 银行业 — 金融改革 — 研究 — 中国 Ⅳ.①F832.1

中国版本图书馆CIP数据核字 (2018) 第072589号

出版
发行 **中国金融出版社**

社址　北京市丰台区益泽路2号
市场开发部　(010) 63266347，63805472，63439533 (传真)
网 上 书 店　http://www.chinafph.com
　　　　　　　(010) 63286832，63365686 (传真)
读者服务部　(010) 66070833，62568380
邮编　100071
经销　新华书店
印刷　北京市松源印刷有限公司
尺寸　169毫米×239毫米
印张　13.25
字数　154千
版次　2018年5月第1版
印次　2018年5月第1次印刷
定价　42.00元
ISBN 978-7-5049-9533-9
如出现印装错误本社负责调换　联系电话(010) 63263947

作者简介

安赫尔·贝尔赫斯是马德里自治大学金融与国际管理专业教授、国际财经分析学会（Analistas Financieros Internacionales，AFI）创始合伙人及CEO、AFI财经学院金融系教授。贝尔赫斯先生曾先后发表过150余篇文章，其中逾50篇刊发在包括《Journal of Finance》在内的学术期刊中，同时出版著作超过12本，其中包括最新合著《创新、科技与金融》。贝尔赫斯先生拥有普渡大学博士学位，同时为"富布赖特科学奖学金"获得者，并曾先后担任欧洲金融协会副主席、主席，也是西班牙股票交易IBEX指数评审委员会成员。2011年6月以来，贝尔赫斯先生一直担任欧洲证券及市场管理局（European Securities and Markets Authority，ESMA）下设的市场参与者组织成员。

莫洛·F.吉伦是沃顿商学院国际管理专业Zandman讲席教授、劳德管理与国际研究所负责人。吉伦先生专注于企业及银行国际化研究，特别是在企业文化和机构布局国际化领域。曾撰写著作逾10本、学术文章30余篇，包括《全球转折点》（与埃米略·昂提沃罗丝合著）、《新兴市场规则》（与埃斯特班·加西亚-卡纳尔合著）。吉伦先生曾获傅尔布莱特和古根汉奖金的研究讲座学者荣誉（Fulbright and Guggenheim Fellow），同时是普林斯顿高级研究院成员，并曾获得亚斯本研究所（Aspen

Institute）颁发的"学界先锋奖"（Faculty Pioneer Award）。吉伦先生同时任职于国际金融分析师协会下设的应用金融学会咨询委员会，并任职于世界经济论坛下设的新兴跨国企业全球议程委员会。

胡安·佩德罗·莫雷诺是埃森哲全球银行部高级董事总经理，全面负责该部门整体观点及投资策略，并为公司联盟合作伙伴提供发展及支持服务。莫雷诺先生在金融服务行业的多年工作经验为其积累了丰富的客户资源，他曾负责欧洲、北美、南美及非洲的银行和资本市场企业规划转型大型项目，尤其专注于交易架构和中央银行研究。自1989年加入埃森哲以来，莫雷诺先生领导的团队为客户提供了优质、创新和多样化的服务。一直以来，他负责维护埃森哲与几家最大银行的客户关系，此外，莫雷诺先生曾获得马德里自治大学经济与工商管理学位，并担任该校创新与经济学专业教授，同时他也是艾森豪奖金得主（Eisenhower Fellow）。

埃米略·昂提沃罗丝自1985年以来就在马德里自治大学经济和工商管理专业担任教授，并在过去四年担任该校副校长，同时也是国际财经分析学会创始人兼主席。昂提沃罗丝先生撰写和合著了多本著作和期刊文章，并曾担任多部国际经济金融学术期刊的撰稿人及编委会成员。自创办以来，他就担任《经济学家》杂志（马德里经济学院主办）主编。昂提沃罗丝先生近期著有：《全球转折点：理解21世纪的商业挑战》（剑桥大学出版），2012年；《全新时代：21世纪的最大挑战》（巴塞罗那行星出版社）；《救援》（Aguilar出版社），2013年；《智能保护》（埃斯帕萨出版社），2014年。

译者简介

于东智，管理学博士，副研究员，中国农业银行香港分行副总经理，中央财经大学会计学院客座导师，首都经贸大学会计硕士兼职导师。曾先后供职于中国工商银行、中国农业银行，参与了两家银行的重组改制及上市工作。曾在《中国社会科学》《经济研究》等学术期刊发表论文多篇，出版多部专著及译著。

陈骁，经济法学博士，副研究员，中国农业银行香港分行信贷部副总经理。曾出版学术专著一部，在《中国金融》《中国行政管理》等核心期刊发表论文。曾在中国金融青年论坛中获得优秀奖。

彭博，经济学硕士，金融风险管理师（FRM），中信证券研究部银行业分析师。曾在《中国金融》《统计研究》《经济理论与经济管理》等学术期刊发表论文多篇。

博闻广志　虚心若愚
促进中国银行业持续变革

中国人民银行副行长　潘功胜

在新的发展阶段，面对国内外经济金融形势严峻复杂、利率市场化快速推进、金融脱媒不断加剧、监管要求日趋严格等新情况和新问题，中国银行业面临的挑战愈加复杂化、多元化。这要求中国银行业在全面深入推进自身战略转型的同时，也要加强对全球银行业科学发展规律的认识，加强对国际领先同业先进经验的学习，从而为中国银行业的持续变革和稳步发展，探寻出行之有效的发展战略和实施路径。

一、中国银行业步于崭新的历史发展起点

经过多年卓有成效的改革与发展，中国银行业发生了前所未有的制度变迁，取得的成就有目共睹。但是，回顾改革开放30多年来的改革历程，中国银行业的发展之路并不平坦。20世纪70年代末期，中国启动了从计划经济体制向市场经济体制的历史性转型。由于经济转轨的成本缺乏有效的制度性安排，加上外部环境及自身管理水平等诸多原因，中国银行业积累了巨大的风险。脆弱的银行体系困扰着中国经济发展，成为金融稳定与经济增长的潜在威胁和重要瓶颈。尤其是经历了20世纪90年代末的亚洲金融危机之后，中国的经济增长和银行业发展受到严重冲击，银行业积累了

1

大量不良资产。对此，西方媒体曾经悲观地认为，中国银行业在技术上已经破产。

面对严峻的形势和挑战，国家下定决心对银行业进行改革，破解银行业发展难题和挑战，提高银行体系的竞争能力。经过多年的努力，中国银行业经历了成功的管理改革与战略转型，实现了跨越式的发展：商业银行的体制机制改革和公司治理建设取得突破，风险内控管理水平和风险抵御能力得到明显改善，转变增长方式取得进步，行业综合竞争实力获得显著提升。尤其是，多年来改革发展积淀的实力与力量，让中国银行业成功经受了本次国际金融危机的严峻考验，这不仅维护了中国经济的稳定，更提振了亚洲乃至世界的信心。

"要把银行真正办成银行"，这是改革开放之初邓小平同志对银行业改革发展提出的期望和要求。毫无疑问，经过改革开放30多年来艰苦卓绝的改革发展历程，从被海外认为已经技术性破产，到现在综合竞争实力显著提升，中国银行业正在稳步向真正的银行转变，正在走出一条具有中国特色、符合自身实际的科学发展道路，正处于一个新的历史发展起点。

二、中国银行业未来发展仍然任重道远

虽然中国银行业改革发展取得的成就令世人瞩目，但与我们的目标相比，与实体经济对银行业的巨大需求相比，与国际领先同业的标杆相比，中国银行业仍需要保持快速稳健发展。我们必须清醒地认识到时代赋予了中国银行业前所未有的机遇，也提出了更加严峻的挑战，我们也必须正视中国银行业与国际先进银行存在的差距，中国银行业的未来发展依旧任重道远。

首先，中国银行业发展仍面临诸多严峻的挑战。国际金融危机导致中国商业银行的经营管理面临前所未有的复杂环境。从宏观经济环境看，经济下行风险加大，经济结构调整迫在眉睫，经济转型任重道远，中国银行业的改革发展将面临诸多难以预见的风险，这对商业银行强化风险管理和

提高盈利能力提出了高要求，未来的经营管理难度加大。从金融改革与行业变革看，随着金融市场改革开放不断深入，金融脱媒趋势加剧和利率市场化改革加速对商业银行的经营模式带来冲击。前者导致"银行主导型"的市场格局正在发生根本改变，银行业面临存款与客户流失、流动性风险管理难度加大等经营压力；后者导致商业银行存贷款利差空间缩小，风险定价能力、产品创新能力和盈利水平面临巨大考验，发展模式急需转型。从监管要求看，金融危机爆发后，二十国集团(G20)主导推出了全球金融监管新框架，对全球银行业发展提出了更加严格的监管要求，我国也不断完善金融监管体系，推出了新资本管理办法，市场化监管力度不断加大，这不仅对商业银行资本管理能力提出严峻挑战，也对公司治理、风险管理、内部控制、金融创新等提出更高要求。

其次，中国银行业与国际先进银行相比仍存在一定的差距。与国际先进银行相比，中国银行业的差距仍是多方面的，有管理工具方面的，有人员素质方面的，有体制机制方面的，但追溯经营管理中存在问题的根源，这种差距更多、更直接地体现为经营管理理念上的不足。这些经营管理理念上的不足集中反映为两个方面：一是片面追求规模扩张的粗放式增长理念仍然存在；二是资本约束理念尚未真正确立，对资本必须覆盖风险，进而限制银行"规模冲动"和"速度情结"的认识仍不充分。这种理念上的"软肋"导致商业银行的发展模式和增长方式存在缺陷，导致商业银行的发展速度、规模、质量、效益难以协调统一，风险与收益、短期利益与长期价值难以统筹平衡，从而直接影响商业银行的市场竞争力和可持续发展能力。

内外部经营环境的剧变，推动中国商业银行的经营管理步入了一个大变革时代。适应新形势，探索新道路，成为中国银行业必须思考的重大课题。

三、通过学习和借鉴促进中国银行业持续变革

在未来前进的道路上，我们还会面临这样或那样的情况和问题，还

会遇到这样或那样的风险和挑战。未来永远是不确定的，变化本身却是永恒的，而学习则是从中寻找到确定性规律的唯一渠道。站在新的历史起点上，面对一个全球经济体系和金融格局迅速变化的时代，在探索和选择中国银行业持续变革的战略与路径时，我们迫切需要学习，需要客观评价自身的能力和不足。我们需要用开放的态度和辩证的思维，去了解和把握全球银行业理论与实践的最新进展和动向，去学习和借鉴国际银行业经营管理方面的先进理念和领先实践，去洞悉和领悟国外先进同业在经历危机沉淀后形成的一切有价值的经验和方法。我们需要在实践中学习，在学习中借鉴，在借鉴中把握未来，有效促进中国银行业的持续变革和稳步发展。

在这种背景下，中国金融出版社组织发起出版商业银行经营管理人员阅读经典译丛，我觉得这是一件非常有意义的工作。译丛精选的大多是国外近年来最新的商业银行经营管理理论和实务的经典著作，这些著作及时、动态、全面地反映了当前国际银行业经营管理的理论前沿和实践动向，能够让我们看到经历危机的西方商业银行是如何思考、如何行动、如何调整的，这有助于我国银行业经营管理人员更好地开阔国际视野和提升专业素养，也是正处于改革和发展新起点的中国银行业从业人员十分需要的。

"博学之，审问之，慎思之，明辨之，笃行之。"伴随着经济发展和科技进步，银行业的发展也日新月异，知识理论的更新更是一日千里，借此商业银行经营管理人员阅读经典译丛出版之际，我衷心希望中国商业银行的经营管理者们能够进一步博闻广志，求真务实，求知若饥，虚心若愚，既要深植于中国经济土壤之中，又要吸收借鉴他人之经验和教训，强化战略思维，树立世界眼光，提高对银行业科学发展的规律性认识，在科学发展观的指引下迎难而上，奋勇向前，共同开创中国银行业基业常青之事业。

前　言

在过去的六年中，金融危机对金融服务业产生深远的影响。雷曼兄弟（Lehman Brothers）的倒闭是金融体系和银行业发展历程中的"分水岭"。然而，把应对金融危机的举措视为未来银行业发展的决定性因素，这种观点并不准确。影响未来银行业格局的力量包括经济、政治、人口和科技等因素。

我们正步入一个全新的世界，银行需要积极应对随之而来的变化。银行业正面临一系列挑战和机遇，这关乎未来的目标客户及其金融需求，以及银行如何提升竞争力。这些变化影响深远并动态发展。银行业面临着前所未有的变革，需要重构银行业务，为未来做好准备。这是为何埃森哲（Accenture）参与了本书的研究，分析银行业未来的变化及应对措施。

2008年的国际金融危机是全球市场一体化时代后最大、最严重的一场金融危机，但是其对各国的影响程度有所不同。虽然这场危机的许多成因是全球性的，比如全球资本流动的不均衡，以及金融自由化的趋势，但是危机的负面影响主要集中在西方银行和西方金融市场。许多新兴国家以及个别发达国家的银行体系在这段时期内蓬勃发展，产生了多个银行巨头。国际层面在金融改革的原则上达成了前所未有的共识，但是各国在具体规则和执行层面的做法却不尽相同。

除了在危机后重塑银行业外，全球还必须适应一系列特别的变化。银行业需要改革，不能走回老路，而是步入全新的未知领域。

全球范围内经济发展的再平衡，新兴市场经济实力的不断增强，以及新中产阶级的崛起和人口老龄化等人口方面的巨大变化，将决定银行未来的客户群体和金融需求。满足客户群体的新需求和拓宽金融渠道可以获得巨大的社会效益，但这意味着银行的经营需要进行重要的改变。这些机遇已经推动了创新行为，服务于许多新兴市场中的客户。

技术创新开创了数字革命时代。新技术在消费者中的迅速普及加速了消费者的预期及行为的转变。与此同时，新技术使银行能以新的方式接触客户，提升服务效率，带来全新的视角。这些变化使企业受益，数字革命改变了传统市场，开创了一个全新的竞争时代。人与人之间的联系在历史上第一次变得如此的紧密，这是一个重要的变革因素。

同时，银行也需要满足透明度和管理方面的新要求，旨在解决客户和公众的信任危机，重塑信任。信任对于银行是至关重要的。银行业作为特殊经济主体的正当性遭受到挑战。在传统银行的结构和经营受到严格审视的同时，其他形式的金融中介，从影子银行到"人人贷"在不断发展成熟。银行业需要认真思考如何维持其在经济活动中的核心地位。

这些变革本身为银行业带来了巨大的挑战和机遇，也意味着新的游戏规则、新的经营方式、新的竞争格局。然而，真正的挑战在于这些变革的复杂性和复合性，为战略抉择带来困难。银行需要清楚地做好自身的评估，并选择一条合适的路线。

新格局并不是一成不变的，我们生存在一个不确定性不断增强的世界中。对银行的经营能力和经营理念提出了新要求，管理者需要更加敏捷去应对这些变化，以在未来实现发展。时下，银行的管理者有机会来改革他们的机构。当然，这会有赢家和输家。本书的旅程从对新格局的清晰评价开始。

埃森哲金融服务集团首席执行官

理查德·卢姆（Richard Lumb）

目　录

引言
金融危机后的银行业格局

　　全球性金融危机和经济萧条始于2007年夏，在此之前，世界经济、地缘政治及科技环境就已经在发生深刻变化。新兴经济体的崛起、跨国金融体系的失衡、人口老龄化以及移动通信的曙光初现，使得这些概念早已深入人心。金融危机期间，雷曼兄弟的倒闭让全世界震惊。从诸多方面来看，进入21世纪以来，金融服务业其实已经进入了一个全新的时期。

　　一般而言，金融机构特别是银行业金融机构，其业务发展日新月异。但本次金融危机也明显暴露出传统银行模式中的一些主要矛盾。从客户关系和分销渠道到营收来源，从杠杆资本水平到内部人才管理，这些都成为银行家、监管机构、政策制定者和公众之间激烈争论的话题。总的来说，公众信任是银行最为重要的资产，但正是这一项资产在金融危机期间受到的侵蚀程度甚至比资本充足率所受冲击更为严重。现在看来，银行业在过去三十年来形成的运营模式似乎已经走到尽头。同时，人们也越来越深刻意识到，采取一种新的银行商业模式刻不容缓。由于以前全球资本市场一体化程度较低，金融危机对新兴经济体影响较小。但随着人口因素和技术进步带来的影响加剧，拉丁美洲和亚洲等新兴经济体的银行在危机中也难以幸免。当然，未来银行发展道路也不尽相同，一部分银行将充分把握国内市场的快速增长，而另一部分银行可能将成功实现海外扩张。

我们这本名为《银行业新时代：金融危机后的行业格局》的书籍，明确了金融服务业之所以要大规模转型的外部驱动要素。为了全面评估银行商业模式所受到的影响，我们深入剖析了人口、经济、监管和技术方面的变化演进形势。我们将研究银行业新晋竞争者的竞争优势，并借此深入探讨既有银行如何在新的竞争环境中生存和胜出。此外，我们尝试分析银行业正在经历的巨大变革，同时将这种分析放在更为广阔的背景来进行，而非局限于金融危机这一小的方面。与过去任何时候相比，现在的银行业更容易受到经济、人口、监管和科技演进的不利影响。金融危机的出现，仅仅只是揭示了银行体系的脆弱性，因为其极易受到系统性扰动的影响。

风雨欲来

本书首先概述了2008年席卷全球的金融危机所带来的最直接和最重要的影响。同时，这些影响也引发了我们对金融服务和金融市场两大基本假设的重新思考。第一，市场可以发挥其自身有效性，从而实现资本高效、完美的配置，进而惠及整体经济和社会。第二，金融部门不仅能够实现有效的自我监管，而且还能提高系统效率并完善基本功能，这一切不需要政府的外在监管。上述假设使得银行家、投资者和监管机构都形成了固有的思维定式。他们盲目地认为经济金融"大缓和"（"Great Moderation"）[1]时期在不可逆地到来，从而一方面忽视了不断加剧的金融失衡现象，另一方面忽视了金融部门与公共财政之间巨大的复杂性和依

---

① 译者注：2000年至2007年，美国等主要经济体呈现出高产出、低通胀的特点，同时产出和通胀的波动幅度明显下降，经济学家称该时期为"大缓和"时期。理论经济学家曾相信，经济金融运行的基础出现了某些变革，从而更加富有弹性，因此导致"大缓和"时期的出现。

赖性。正是随着金融危机的到来和演进，这些思维定式被证明是致命的。

对"大缓和"可持续性盲目乐观

在金融危机发生之前，人们普遍对金融体系和经济系统的健康状况保持乐观。众所周知的"大缓和"时期从世纪之交一直持续至2007年，在此期间，宏观经济失衡、金融全球化以及金融机构风险评估弱化等都在潜移默化地发生。得益于高涨的全球经济和宽松的货币政策，欧美主要经济体都经历了私人部门和公共部门杠杆水平的快速提升，银行、企业、居民和政府部门的债务水平都不断上升。

全球失衡不断扩大

20世纪90年代末期，东亚、巴西和俄罗斯为代表的新兴经济体经历了一次规模较大的金融危机，在此之后，新兴经济体在宏观政策制定过程中更加关注外汇储备的积累。这些国家往往大量出口廉价的产成品或自然资源，从而在经常账户中积累了巨额的盈余，多数国家因此成为净资本输出国。与此同时，美国及一些欧洲国家则陷入了更加严重的贸易赤字，从而不断对本国货币施加贬值压力，进而对自身金融泡沫的产生创造了前提条件。

最为重要的是，由于贸易赤字国依靠国际信用来维持本国经济增长，因此巨额盈余导致了金融市场的不断扩大和深化。利率水平处于历史低位，国际信用出借方资金充裕以至于不对借款国以及相关政府做任何限制。在此背景下，全球金融体系的持续增长，实际是以贸易盈余国向贸易赤字国的资本流动为基础。

新兴经济体在全球金融格局中的作用发生了转变，新兴国家转变为放贷人，而欧美发达市场，尤其是美国却成为了最终消费者。然而与此同时，大家却都忽视了世界最大储备货币——美元在将来的可能演进方向，以及世界第二大储备货币——欧元的存续能力。随着繁荣的乐声延续，经济金融的参与者完全无视基本面的缺陷以及全球金融体系的潜在危机。

金融体系扩张

在"大缓和"时期，随着全球金融失衡和宽松货币政策的演绎，金融体系的规模和复杂度均不断增加。以美国的金融业为例，其规模已经占到所有经济活动的约20%，占全部企业总利润的40%以上。与此趋势相对应的是公共部门和私人部门的债务不断增加，银行资产负债表大幅扩张。信贷资金充裕的环境下，似乎没有人关心借款人的长期偿债能力，大家认为只要激励借款人持续工作的机制存在即可高枕无忧。与此同时，在许多国家，很大一部分融资资金投向了房地产领域，或者是与房地产价格直接挂钩的各类金融产品。

信用危机

直到2007年夏天，美国次级抵押贷款市场的问题初露端倪，进而导致欧洲若干经济体的银行间拆借市场崩溃，人们才意识到这场盛宴不可能永不停止。危机的连锁反应在短短一个月内迅速传染至绝大多数发达经济体。接踵而至的信贷危机带来了房地产行业和金融体系的快速崩塌，上述危机进而向非金融企业蔓延，部分企业搁置投资计划，实体经济逐渐陷入恶性循环。

中央银行的非常规手段

金融危机过程中，中央银行采取了果断的行动来对部分金融机构实施救助，其在市场上投放流动性数量之大前所未有。货币当局通过协调一致的行动挽救了全球金融体系，从而避免了一场可能与20世纪30年代规模相当的金融危机。

银行体系与财政体系的相互负向影响

随着实体经济陷入困境，金融危机随后的受害者成为政府本身。尽管杠杆水平高企，但税收的下降和失业的增加却使政府年度赤字进一步猛增。因此，这场危机已经演变成一场全面爆发的主权债务危机。与日本不同的是，欧洲许多国家的公共债务反映在金融机构的资产负债表中，因此在金融危机过程中这些国家的商业银行与国家债务间的相互负向影响问题变得相当棘手。投资者对这种局面心知肚明，因此选择退出欧元区外围国家的债券市场，这种背景下赤字国家只能通过支付高额利息才能续接债务。为了避免欧元共同货币机制的终结，欧洲央行迫不得已，只能积极购买欧元区外围国家的债务。与此类似的情况是，美国联邦储备委员会(Federal Reserve)在此之前也已出手干预，其通过积极购买数万亿美元的政府债务来刺激经济①，这种措施的效果是传统财政政策无法达到的。

大型银行体系的复杂性和依存性

此次金融危机让人们迅速意识到，高杠杆和相互关联的大型金融机构体系是脆弱的。其中某家银行单个部门所产生的大问题就有可能使整个银行业陷入困境。投资银行与商业银行业务模糊的界限，使得仅评估传统业务的风险敞口已经严重低估存款类金融机构的实际风险情况。更为雪上加霜的是，那些在全球不同监管体系中大规模开展业务的大型全球银行，普遍开展监管套利活动，而这种博弈行为也在不断破坏金融体系的稳定。

风险管理、影子银行和银行业丑闻

银行业风险管理体系的缺陷和低效，进一步放大了银行体系高金融杠杆所带来的问题。与此同时，影子银行（shadow banking）的做法实现了信用匹配和期限转换的功能，进一步导致了系统性风险的集聚。此外，管理层的欺诈行为进一步加剧了管理不善带来的问题，这同时也增加了监管机构的工作难度。上述这些问题的叠加加速了金融机构信任度的下降，进而影响到它们的整体稳定性。

金融体系与实体经济之间的动态联系

可以说，上述危机在欧洲最为严重。其背后的原因是，在上述地区和国家，一方面，银行体系在经济活动中扮演着最重要的融资角色；另一方

---

① 译者注：美联储采取的量化宽松政策（QE），即中央银行在实行零利率或近似零利率政策后，通过购买国债等中长期债券，增加基础货币供给，向市场注入大量流动性资金的干预方式，以鼓励开支和借贷。

面，源于劳动力市场的刚性，使得市场调整更为缓慢并最终导致更为痛苦的后果。政治家们没能意识到，在问题传染至经济其他部门之前，快速解决银行资产负债表恶化问题至关重要。

银行业信任度缺失

作为金融体系中的关键金融机构，银行既是此次金融危机的肇事者和受害者，也是最终缓解危机的突破口。在此之后，银行在发挥金融中介作用中的重要性和有效性受到质疑，这也为新兴金融媒介的崛起提供了肥沃的土壤。银行在客户、政策制定者和监管机构间的声誉大打折扣。许多人对银行的看法已经不再是风险管理机构，而是创造和放大风险的金融实体。由于业绩表现、审慎经营的目标与银行最终薪资报酬水平脱钩，银行业的薪酬机制从而广受诟病。

重新思考银行定位

正如金融服务管理局（FSA）主席Lord Turner所说，由于银行业危机给经济及社会带来的巨大影响，银行业的"社会效用"问题已经逐步凸显。政治家、监管部门和股东的共同施压，使得银行经营目标由传统的单纯注重股东价值创造转向更为明确的社会责任承担。上述转变在很多方面都得以体现，具体包括对消费者保护、业务透明度问题的关注度提升，以及政府当局对银行业施压，要求其增加对家庭部门的授信，同时增加普惠金融参与度。

从根本上而言，人们逐渐认识到，鉴于银行在经济和社会中发挥的核心作用，过度关注股东回报有可能导致或恶化现有的市场失灵情形。尽管监管机构和银行业将拆除许多导致寡头垄断的壁垒（诸如，放宽支付基础设施的所有权限制、放宽银行业准入要求等），但银行治理客观需要一个更为深层次的转变，即引入利益相关者价值模型，从而如同关注股东回报一样重视利益相关者的诉求。

人口结构变化和新技术的崛起

金融危机还导致了两种长期趋势的产生，但银行对此却反应迟缓。第一，受到人口结构变化和新技术崛起的共同影响，传统零售银行业务正面临与客户交互度降低的风险。第二，人口的持续老龄化客观要求银行重新考虑产品组合，此外，随着千禧一代进入市场以及移动通信技术的普及，传统的基于分支机构的银行经营模式正不断受到冲击。

银行业当前面临的问题是，上述趋势和事件的发生要求银行同时既要回到传统的经营模式，又要充分应对新技术和人口结构变化带来的新挑战。随着监管趋严，以及资本要求的提升，许多银行将重新聚焦于与零售业务有关的"枯燥业务"。与此同时，银行需要合理应对非银行金融中介引导的金融创新浪潮，这些非银行业金融机构具体包括私募股权基金、对冲基金、主权财富基金、电子支付服务提供商以及众筹网站等。

推动银行建立新商业模式

总体而言，银行业将面临新的竞争环境，这种环境的特点是行业拥挤度提升（各类金融中介机构的增加）、客户需求的差异化程度提升以及利润率承受下行压力。一方面，上述力量可能会促使银行业进行整合，但另一方面，巨型银行也将继续吸引监管机构和社会公众的关注，因为其一直在呼吁避免"太大而不能倒闭"和"太复杂或系统重要性太高而不能倒闭"的局面发生。这些相互矛盾的力量和要求必然会使银行未来的经营更加复杂并更容易受到争议。目前对银行业和金融行业的普遍反感不大可能在短期内消退。

在接下来的章节中，我们对当前主要银行业发展的外部复杂趋势及各类相关事件进行了深入分析。我们将强调各类因素之间的联系，并证明孤立地处理一个因素不大可能为整个银行业提供可持续的盈利能力改善。我们对影响银行业的全球宏观趋势问题分章节进行了详尽分析，具体包括：监管趋势性加强、行业竞争格局重塑、银行正当性受损以及移动银行领域的挑战和机遇。在本书的最后一章中，我们将重点评估这些变化，并系统性分析银行建立新商业模式的经营基础和组织原则，从而使我们的建议与第一章中确定的行业趋势相对应。

第一章
宏观趋势

始于2007年的全球金融危机，其负面影响在2008年秋到达最高峰，这场危机成为全球银行业发展历程中的分水岭。在许多发达经济体中，数以百计的全球性银行破产，几乎所有金融机构都以不同方式受到影响，许多机构甚至需要政府的紧急救助。众多银行员工失去了工作，大量客户的储蓄或是投资缩水。

然而，把这场危机的影响视为当下重塑银行业唯一或是最重要的因素，这种观点似乎并不准确。伴随着从20世纪到21世纪的转变，银行的经营方式面临其他诸多深刻变革。在金融危机之后，银行业格局变得更加复杂，并且充满不确定性，时下所面临的困境是在过往数十年中未曾遇到的。

图1-1简要说明了现时及未来影响银行业的几个核心要素。在本章中，我们将探讨宏观趋势，包括人口结构变化、全球经济行为模式变革、日益发展的科学技术。

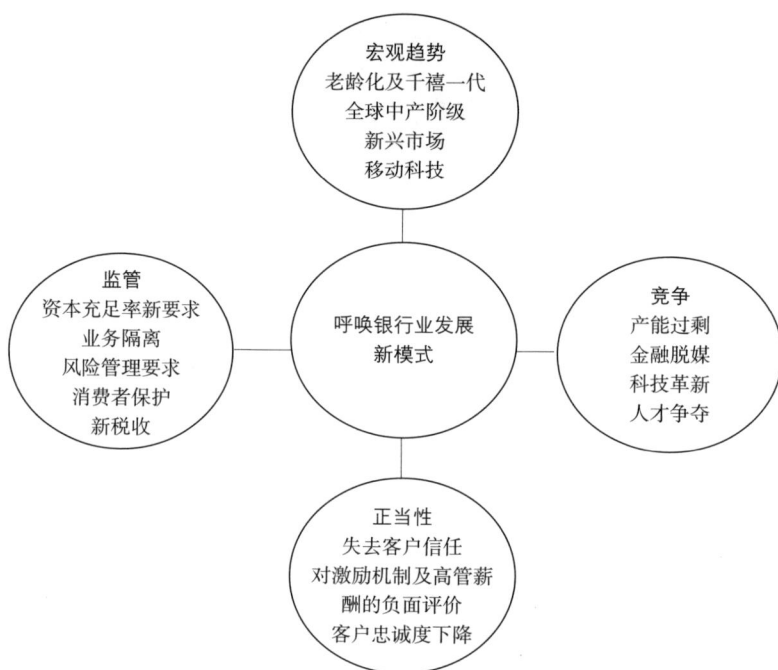

宏观趋势
老龄化及千禧一代
全球中产阶级
新兴市场
移动科技

监管
资本充足率新要求
业务隔离
风险管理要求
消费者保护
新税收

呼唤银行业发展
新模式

竞争
产能过剩
金融脱媒
科技革新
人才争夺

正当性
失去客户信任
对激励机制及高管薪
酬的负面评价
客户忠诚度下降

资源来源：Afi, Analistas Financieros Internacionales, S.A.。

图1-1　影响银行业的宏观趋势

在下一章中，我们将会分析监管环境的变化，内容涵盖资本充足率的新要求、银行不同业务之间的隔离、风险管理、消费者权益保护和税收。我们还将分析由于行业饱和、金融脱媒和人才争夺战而导致的动态竞争变化。最后，我们会评估正当性缺失、失去客户信任、对薪酬制度的批评、客户忠诚度下降对银行业的影响。

我们认为，人口、经济、科技宏观趋势等因素将对未来的银行业格局带来革命性影响。首先是关于人口老龄化，大批退休人员及"勇敢"的千禧一代①的出现改变了市场的活动，这不仅出现在发达国家，也发生在新兴经济体。其次是新兴经济体的显著增长，这些经济体已经占到全球经济活动市场份额的一半以上，而且它们的金融业也在快速发展。再次是全球中产阶级的崛起，这得益于新兴市场的重要性不断增强。最后是科技所带来的在连通性及移动性方面的革命。

---

① 译者注："千禧一代"（Millennials）是国际上专门的代际术语，是指出生于 20 世纪末（1980～1999 年），在跨入 21 世纪（即 2000 年）后达到成年年龄的一代人。这代人的成长时期几乎同时和互联网及计算机科学的高速发展时期相吻合。

人口老龄化

　　一种思考金融在现代经济中地位的思路是，考察其对个人和家庭成员生命周期的影响。在不同的生命周期，人们的储蓄和消费行为有显著变化。在当今社会，我们把生命看作是一连串独立阶段所连接成的整体，从童年到青春期，到青年、中年，再到老年。随着时间的推移，人们会把时间花在不同的活动上，比如学习、工作和悠闲的退休生活。因此，人们对于信贷、投资及其他金融服务的需求随着人生阶段的变化而改变。根据不同年龄段人群的规模，商业银行也应当作出转变。在快速老龄化的时代，相应地针对老年群体量身定制银行服务将变得更加重要。在生育率较高的国家，情况却正好相反，至少在未来的20年到30年中，应针对青年人定制服务。

　　现在的银行从未面临过五十岁以上人口所占比重越来越高的情况。对于个别国家，祖父母辈人口在短期内会超过孙辈人口，这是由于生育率的急剧下滑和预期寿命的持续延长。与20世纪50年代的人相比，当代人的平均寿命延长了25岁，但是抚养孩子的更少。

在未来的30年至40年中，欧洲、北美、东亚（包括中国）甚至印度都将面临人口老龄化的问题。根据联合国人口署的中期预测，在2000年，德国和意大利60岁以上人口的数量超过20岁以下人口数量。在2010年，日本、希腊、葡萄牙、西班牙、奥地利、保加利亚、斯洛文尼亚、克罗地亚、芬兰、瑞士和瑞典等国家也遇到相同情况。预计到2025年，将有46个国家或地区的老年人口数量超过青年人口。中国和俄罗斯将在2030年加入这个趋势，美国将会在2035年，巴西将会在2040年，墨西哥和印度尼西亚将会在2045年，印度将会在2070年。

在未来，65岁以上人口的数量将会增长3倍，在2050年达到15亿人，占全球人口比重达16%。大部分老龄人口的增长并不会发生在欧洲和北美地区，而是发生在新兴世界，尤其是在东亚国家（中国、日本和韩国），这些地区在2050年将有10亿人口的年龄在65岁以上。因此，需要注意的是，老龄化对发达国家和新兴经济体的影响同等重要（见表1-1）。

人口老龄化对银行业的主要影响是，大部分社会财富是由超过50岁以上的人持有。因此，在人口老龄化的初期，资产积累和存款增加，这是由于中年人口需要为了退休生活而存钱。然而，在之后的10年至15年，在进入退休阶段后，开始减少资产和花费储蓄。此外，需要引起重视的是，人们的避险情绪随着年龄的增长而提升。人口老龄化对于银行的影响究竟是什么？简要而言，有以下几方面：

• 随着人口老龄化，对抵押和消费信贷的需求会放缓甚至是衰退，与此同时，对分散风险或使财富"减少"（如反向抵押贷款[①]）产品的需求增加。为了应对上述趋势，银行需要拓展更多的新客户，或是多元化经营，开拓年青一代市场。

---

① 译者注：反向抵押贷款是以拥有住房的老年居民为放款对象，以房产作为抵押，在居住期间无须偿还，在贷款者死亡、卖房或者永久搬出住房时到期，以出售住房所得资金归还贷款本金、利息和各种费用的一种贷款。

表 1-1 全球人口的年龄及性别 单位：十亿人，%

	15～29 岁人口		65 岁以上人口		65 岁以上妇女
	数量	占比	数量	占比	数量
全球 2010	2.29	33.1	0.53	7.7	0.30
全球 2020	2.39	31.0	0.72	9.3	0.39
全球 2030	2.44	29.0	0.97	11.6	0.53
全球 2040	2.57	28.4	1.25	13.9	0.68
全球 2050	2.60	27.3	1.49	15.6	0.81
发达国家 2010	0.33	26.7	0.20	16.1	0.12
发达国家 2020	0.31	24.0	0.24	19.1	0.14
发达国家 2030	0.29	22.6	0.29	22.5	0.17
发达国家 2040	0.30	23.0	0.32	24.6	0.18
发达国家 2050	0.29	22.6	0.33	25.8	0.19
新兴国家 2010	1.66	34.4	0.30	6.2	0.16
新兴国家 2020	1.71	31.8	0.43	8.0	0.23
新兴国家 2030	1.70	29.1	0.63	10.7	0.34
新兴国家 2040	1.74	28.2	0.85	13.7	0.46
新兴国家 2050	1.71	26.6	1.03	16.0	0.55
最不发达国家 2010	0.29	34.7	0.03	3.5	0.02
最不发达国家 2020	0.37	35.1	0.04	3.7	0.02
最不发达国家 2030	0.45	34.8	0.06	4.4	0.03
最不发达国家 2040	0.52	33.9	0.08	5.4	0.05
最不发达国家 2050	0.60	32.9	0.10	6.9	0.07

数据来源：United Nations Population Division, *World Population Prospects* 2012。

- 对组合产品的需求会增加（例如，养老金和人寿保险相结合），尤其是那些能够帮助客户分散风险的产品。但是这种降低投资风险的趋势从长远来看会对经济和金融的发展产生负面影响。

- 部分客户在退休之后至少改变居住地一次，首次改变住所是去往休闲目的地，之后便是靠近家人。银行需要重新思考它们的渠道策略，如何在地理上更接近客户。在一些情况下，退休人群需要跨境金融服务，在这方面，银行可以通过自身渠道或是银行间联盟来实现。

• 与传统金融中介的盈利模式不同，银行会有更多的机会去增加非利息收入，这包括咨询服务、资产管理和养老金等。

• 退休人员数量大幅增加将导致经济体中的储蓄率下降。受到盈利能力、资本充足率及金融系统稳定等因素影响，银行不得不接受更高成本的资金。

• 跨国经营及拥有不同年龄层次的客户组合，成为银行减缓人口老龄化影响的有效手段，这也将助推银行的跨国并购需求。

• 在发达经济体中，客户越来越倾向于为退休、健康和教育寻求"自助服务"，这对银行是巨大的潜在市场。这种变化在一定程度上是由政府提供此类公共产品的不确定性造成的。银行可以为私人储蓄、投资和退休金提供咨询，这是巨大的市场。

不同人生阶段的财务决策

由于出生率下降和预期寿命的延长，人口结构正在进行调整，相应影响的是人们的财务行为和财务计划。出于不同原因，相比于中年人，年轻人及老年人更容易在财务决策上犯错误，年轻人缺乏经验，老年人在认知上开始出现下降。有证据表明，社交网络可能有助于年轻人及老年人克服上述局限，这对银行与客户的关系以及帮助他们作出明智决策有重要意义。对于年轻人来说，社交网站可以帮助他们了解同龄人是如何做决定的。对于退休人员来说，面对面交流和社交活动是帮助他们作出更好决策的重要方式。[1]在线投资组合关系管理（Online Portfolio Relationship Management）的兴起可能会改变对年轻人及老年人的一些假设，尤其是这种管理包括了社交平台。

由于人口老龄化，预计对银行的监管会更加严格。考虑中的新监管领域包括，加强对条款披露的规则，强化对销售代理的受托责任，建立一套对金融产品的事先审批制度。[2]

性别影响

需要引起注意的是，人口老龄化的另一个影响是寿命上的性别差异。在发达国家，现阶段女性的预期寿命是81岁，而男性的预期寿命是74岁。寿命上的差距意味着，老龄人口中的大部分是女性（见表1-1）。这个现象对银行有重要的启示。女性和男性之间有不同的金融需求，尤其是在女性并不是家里的主要经济来源时。

更重要的是，女性在财富和个人理财方面的观念与男性不同。她们会更加关心为退休留存足够的金钱（请记住，她们的寿命更长）、照顾子女和父母、接受教育。在投资选择时，她们更倾向于保守，在标准化的财务知识测试中，她们的得分会比男性低[3]，但在慢慢发生转变，在许多国家，女性在各类教育上的人数和表现方面都超过了男性。女性也比过去积累了更多财富，这归功于她们极大地扩宽了就业市场。在美国，37%的高净值客户是女性。日本是另一个女性占比较高的国家，达到31%。全球的平均水平是27%，在欧洲和拉丁美洲这个数值是18%，在中东是14%。一些银行开始为女性提供差异化的产品和功能平台，特别是在财富顾问领域。[4]

生活方式转变

不断变化的行为表率、文化预期以及人口趋势，将持续影响家庭规模的大小和构成，对银行也有重要影响。无论是在发达国家还是新兴国家，人们会推迟成家的时间，花更多时间在学业上，或是在第一份工作后回到学校继续求学。"一人家庭"将会增加，这是由于离婚数量的增多。很多情况下，生活在一起的夫妻双方保持财务上的独立。这些新型的生活方式和财务安排会产生多样化的融资需求，传统银行目前还无法满足。

人口老龄化和股市

银行需要开阔视野，观察人口结构对金融市场的影响。最近一项研究表明，人口老龄化对股票价格会造成下行压力，同时影响着大量其他因素。在接近退休时，个人投资者会抛售投资组合中的股票。一旦退休，他们就会购买养老金或者干脆花掉他们的积蓄。一个老龄人口众多的经济体是缺乏活力的，同时会抑制股价。[5]

人口老龄化将会对银行业的方方面面产生显著影响，包括资产负债结构、财务实力、发展战略、分销渠道组合以及员工技能要求等。需要注意的是，人口老龄化对社会储蓄及银行满足资本充足率的影响，可能会催生监管新规。总体来说，人口老龄化给银行带来了全新的情境，这种影响至少要持续30年到40年，直到死亡率重新平衡人口年龄结构的"金字塔"，或是生育趋势再次改变。

总而言之，银行面临人口结构的巨大变革，他们必须把重点放在如何赢得年轻客户及改变他们的经商方式上，这样才能有效缓解退休人口的大量增加和人口寿命延长的影响。在发达和发展中国家，女性已经成为财务决策者，她们的重要性日益提升，这促使银行需要重新思考产品和渠道策略。以上这些是当前人口趋势最重要的直接影响，在间接影响方面，包括在经济增长模式、社会储蓄总量和金融市场发展转变方面的深远影响。

新兴市场的发展

在过去20年，亚洲、拉美、中东和非洲等新兴市场的显著增长，改变了全球经济格局，创造了新的生产中心、消费市场以及信贷市场，尤其是创造了资本流动和财富积累的新模式。这些变化在广度和深度上是巨大的，以至于难以估计它们对银行业的影响程度。

首要的趋势与银行市场规模的增长有关。新兴市场的消费者和小企业目前难以获得足够的银行金融服务。专家们认为，在未来的二三十年里，金融和银行业的发展增速将超过经济发展的增速，特别是新兴经济体的信贷规模将迅速扩张，这些国家很可能会成为比G7经济体更大的市场。在新兴经济体，由于现阶段银行业的不发达及资本市场发展的不充分，未来银行信贷将会迅速增长。专家预测，至少在最初阶段，新兴经济体在银行业和银行信贷方面的强劲表现，与美国和欧洲这两者进行比较，与欧洲国家更类似。换言之，一般而言，拥有欧洲市场经验的银行可以更好地在新兴经济体中开展业务。

新兴市场的增长将有可能是由国际贸易推动。事实上，进出口的增速超过了国内生产总值的增速，在某些情况下甚至超过了信贷市场。这将为银行提供更多机会，特别是那些熟悉贸易融资领域批发和零售业务的银行。

新兴经济体的增长同时意味着，它们的个人和家庭财富的积累速度将比欧洲和美国更快。有研究预测，直到2015年，亚太地区可供投资财富的累积年增长速度为9.8%，中东为6.8%，相比之下，欧洲为6.2%，北美为5.7%。[6]新兴经济体的财富迅速增长，是由整体经济发展、收入分配日益不均衡以及许多企业主和企业家抢占先机（first-mover advantages）所致。有能力在新兴市场发展的银行无疑将从这一趋势中受益。

其次，新兴经济体银行的崛起将加速银行国际化趋势，这有两方面的原因。第一个原因是，新兴市场的银行将寻求在发达国家建立经营机构，作为进入资本市场的途径，并引进专业知识。此外，新兴市场的银行需要跟随他们的客户开拓市场，尤其是富有的个人和小企业。其中一部分海外发展将以建立代表处及批发业务的形式，但也可能会更多采用合并和收购等方式。第二个原因是，新兴市场增长会吸引新的进入者，尤其是来自增长停滞的发达市场。北美和欧洲的银行已经开始关注新兴市场中的机遇，吸引它们的是增长方面的潜力，以及进一步在不同人口区域和货币体制中多元化经营的可能性。

发达市场的银行在制定新兴市场发展战略时面临的主要困难包括：

- 大型银行是否可以不在新兴市场设立零售业务？

- 其商业客户是否需要拓展新兴市场？

- 银行可否从新兴市场中获得利益而不需要设立分支机构？

从本质上看，为应对新兴经济体的增长，银行面临着资源在不同市场间重新配置的艰难抉择，这包括财务资源和管理精力。在金融危机影响下，银行正处于一个十字路口，因为它们的综合实力和盈利动力都大幅降低。

最后一个需要注意的是，对新兴市场的金融业和银行业而言，未来的增长高度依赖于女性就业机会和性别平等方面的持续改善。现阶段，由于法律歧视、传统习俗和社会规范等因素的综合影响，众多发展中国家和新兴经济体中的女性不大可能拥有银行账户，也无法使用储蓄和信贷产品。[7]

全球中产阶级的兴起

过去20年中最重要的变化趋势之一，与新兴经济体中的消费市场发展有关。全球中产阶级的崛起是由大型新兴经济体的增长和新经济机遇所驱动，特别是中国、印度、巴西、印度尼西亚、土耳其和墨西哥。经济合作与发展组织（OECD）估计，在2022年中产阶级数量将超过贫困人口的数量。根据OECD的定义，中产阶级是日均消费在10～100美元这一区间的人群。最为重要的是，在2014年，全球三分之二的中产阶级生活在欧洲和美国，但是到2022年，三分之二的中产阶级将生活在新兴经济体。中国和印度将占据近一半的全球中产阶级消费群体。[8]有趣的是，到2040年，印度将拥有全球最大的中产阶级群体，这是由于印度的人口总量将超过中国，收入分配也更加公平。

不断壮大的中产阶级的购买力数据让人感到惊讶。在未来20年中，中产阶级将新增大约34万亿美元的购买力，在全球范围内增加到近56万亿美元。大部分增长将发生在亚太地区（见表1-2）。没有任何一家银行可以忽视这个趋势。

表 1-2　　　　　　　　　　　　　中产阶级购买能力　　　　　　　　单位：万亿美元

	2010 年	2030 年
全球	21.3	55.7
北美	5.6	5.8
欧洲	8.1	11.3
中美及南美	1.5	3.1
亚太	4.9	32.6
撒哈拉沙漠以南非洲地区	0.3	0.8
中东和北非地区	0.8	2.0

数据来源：Homi Kharas, *The Emerging Middle Class in Developing Countries*(OECD,2010)。

　　随着全球中产阶级的崛起，零售银行市场将会同步发展。人们的收入不断增长，需要多样化的金融服务，包括存款账户、储蓄产品、抵押贷款、消费信贷等。中产阶级是耐用商品的主要消费群体，包括汽车、家用电器和电子产品。中产阶级有动力去提升社会地位，这转化为对教育和稳定性的高度重视。这意味着，在快速增长的新兴经济体中，教育贷款、养老基金和保险将存在大量需求。银行可以在满足中产阶级的金融需求中受益，这些需求从消费信贷、储蓄延伸到信用卡、抵押贷款和保险业务。

　　对于银行而言，需要从品牌定位和客户的忠诚度去考虑中产阶级的消费行为。在发达市场，银行需要弥补金融危机所造成的声誉损失。公众已经丧失对银行的信任，银行品牌形象受到影响。如果失去了良好的企业形象和品牌吸引力，银行将很难在全球中产消费者中争夺市场。因此，核心理念是提供差异化产品以服务大规模的新兴中产阶级，这是一种客户分层策略，在可承受的价格区间内提供专属服务。

科技

银行业是一门古老的"艺术"，创新始终伴随着其发展历程。科技，尤其是在远程通信和信息收集领域，在早期发挥了重要作用，银行家可以率先了解到相关新闻和事件，从而掌握主动权。较为著名的案例是，在1815年，内森罗斯柴尔德的经纪人和通讯员网络使其比政府早了一整天了解到威灵顿在滑铁卢战斗的胜利，这为他在债券交易中谋取利益。在过去的半个世纪里，银行在技术上进行了大量的投资，使它们的后台业务更加高效，利用不同市场之间的套利机会，满足客户的需求。

从ATM到互联网，新的银行技术旨在提高便利性，减少客户对物理网点的访问，增加交易速度，降低交易成本。在21世纪初，银行科技涵盖的主要领域包括：

● 流动性。全球金融危机后，移动电话的普及和智能手机的广泛使用，对银行提出挑战，银行需要重新审视销售渠道策略。"远程储蓄"（remote deposit capture）和"多渠道体验"（multichannel experience）等术语如今被全球银行家广泛使用。

- 立足所在地营销，这包括客户忠诚计划，针对特殊需求的定制服务，以及其他类型的"实时创新"（real-time initiatives）。

- 客户交互体验，在多个渠道和平台之间创造无缝对接。这一趋势对于提升银行竞争力非常重要，无论是在成熟市场还是新兴市场，这对于吸引年轻人和精通技术的客户也很重要。

- 集成支付系统、电子钱包和其他移动支付技术，使人们能够无缝支付和受付，并持有数字货币。这一趋势是在"金融脱媒"方面银行面临的主要威胁。

- 数字社交网络，同业竞争，以社会为基础的银行的其他相关技术，这些技术会对后台运营和银行客户关系起到作用。在这些新技术的帮助下，银行能够优化客户筛选、贷款审批和其他类似流程，但也需要加大对新技术的投资力度，为客户提供即时、廉价和可靠的数字金融服务。

- 银行服务的7×24小时无处不在，客户在哪儿，银行就在哪儿。

- 银行后台的使命可能被终结，这是由于银行发展托管服务器和云计算系统。银行需要重新考虑成本和灵活性之间的权衡。更重要的是，由于新计算模式带来的低成本经营，老牌银行需要重新评估那些新的、更灵活的竞争对手所带来的威胁。

- 大数据分析，或为特定类型客户甚至是特定场景进行新产品开发的巨大可能性。

科技及代际效应

银行采用新技术的一个非常重要的方面，与所谓的千禧一代有关（出生于1980～1999年），在他们的成长世界中，电子邮件、短信、联网游戏和数字社交媒体无处不在。在美国，有75%的千禧一代在社交网站上注册（相比之下，在"婴儿潮一代"和"X一代"[①]中，这一比例分别为30%和50%）。只有20%的千禧一代认为拥有家庭是人生中一件需要完成的重要事情，约15%的人认为拥有一个高收入的职业是必要的。科技将不同代际的人群加以区分：83%的千禧一代在睡觉时把手机放在床边，"X一代"和"婴儿潮一代"的比例分别是68%和50%。女性在这些特征和行为上的"得分"比男性高几个百分点（除了在网上发布自己的视频外），而那些受过大学教育的人"得分"更高。[9]千禧一代是银行未来的客户群体，他们的要求与其父母和祖父母辈截然不同，需求很难被满足。现阶段，千禧一代认为银行看起来并不"酷"。银行的金融服务和他们的期望值相去甚远。年轻人喜欢交往、充实、激情和兴奋。他们喜欢技术上的革新，因为这能为他们带来便利，和更多的选择和图像。在过去的几十年里，大多数零售银行都在以传统和乏味的方式经营，如果说有什么不同的话，令人印象深刻的例子包括Frank by OCBC,[②] SuperFlash[③] by Intesa SanPaolo, Alior Sync,[④] and Hello Bank[⑤]。总的来说，千禧一代并不像他们的父母和祖父母那样对抵押贷款和汽车贷款感兴趣，主要是因为他们不渴望拥有房产，他们更愿意使用汽车之外的其他交通工具。

---

① 译者注："婴儿潮一代"（Baby Boom）特指美国第二次世界大战后的1946年至1964年这一期间，这18年中婴儿人口高达7600万人，这个人群被通称为"婴儿潮一代"。"X一代"（Generation X）指20世纪60年代到70年代初出生的美国人，身上有着不同程度的不负责任、冷漠和物质主义等特点。这个词是在加拿大作家道格拉斯·库普朗1991年出版的名为《X一代》的书中出现之后流行起来的。

② 译者注："Frank by OCBC"是新加坡华侨银行（OCBC）推出的概念银行，是为年龄介于18到28岁的学生及年轻上班族量身打造的品牌，锁定在70多万名的年轻客户。

③ 译者注：SuperFlash是由意大利联合圣保罗银行（Intesa SanPaolo）推出的针对大学生的银行卡品牌。

④ 译者注：Alior Bank（阿里奥银行）是波兰国营保险公司PZU旗下的银行，是波兰最大的互联网银行，"Alior Sync"是阿里奥银行的一项技术。

⑤ 译者注：Hello Bank是由法国巴黎银行（BNP Paribas）控股的一家银行，在法国、比利时、德国、意大利和奥地利拥有业务。法国巴黎银行称其是"欧洲第一家100%的手机移动银行"。

新技术的战略考虑

银行在采用新技术时需要关注几个重要的问题：

- 如何使用技术来吸引年轻顾客和留住老客户（退休人员）？

- 银行怎样才能改变人们普遍的观念：银行在新技术方面，尤其是在移动、云计算和可穿戴设备的时代，它们永远落后于潮流？

- 除了利息和费用之外，银行还能运用技术挖掘更多的收入来源吗？特别是在增强客户"黏度"、提高便利性、咨询服务等方面。

- 如何使客户的信任、隐私和安全得到加强？

- 为了更好地使用新技术，如何在未来对银行员工进行培训和激励？

银行需要重新考虑哪些交易是常规交易，哪些不是。一个关键的方面是确定哪些交易可促进更多的产品销售，哪些仅是与客户单纯的互动。根据交易性质的不同，技术需要以不同的方式使用。最重要的是，银行要以不使其业务商业化的方式使用技术。它们需要避免单纯的价格竞争。

银行业面临的一个主要挑战是对财务资源的重新分配，是维护已有系统还是开发云计算技术、移动银行和数字社交媒体等新技术。大部分银行花了IT预算的四分之三来确保已有系统的正常运作。在大多数情况下，在新技术研发上只花了四分之一的预算，然而这并不足以在竞争中保持领先地位和满足客户期望。

但最大的危险可能是狂妄自大。银行家们喜欢说，当自动取款机出现时，专家们预测银行网点的消亡，甚至银行的消亡，但是，这并没有发生。随着互联网的出现，专家们再次预测，银行可能会消失，或者至少会被改变。虽然新技术本身并不一定会破坏一切，但现时的多种因素似乎形成合力，改变银行的传统业务模式：

- 在发达市场，金融危机使银行在与公众舆论和监管机构的较量中处于劣势。

- 年轻人是银行未来的客户，但是他们似乎并不信任银行。如果智能手机中安装了财务和支付程序，他们不明白为何还需要银行服务。

- 大部分金融业未来的增长将出现在新兴市场，但是传统上那里的银行不像发达市场那样普遍。

- 业务量大的大型公司想在金融服务和支付业务中分得一杯羹，这些公司包括公用事业单位、大型零售商和航空公司等。

研究未来的情景，为后文讨论银行如何应对科技带来的挑战和机遇奠定了基础。一些革命性变革可能包括：

- 广泛使用的点对点平台（peer to peer platform），使个人和小型企业能够获得信贷支持及开展存款业务，或是其他类型的金融服务，而不需要金融中介的介入。

- 新技术使非银行机构（如电信公司、大型零售商等）能够推出多样化的金融产品和服务。

- 银行重塑自我，在金融业转型中占据核心位置，通过虚拟和实体的组合为客户提供无缝体验。

以上情形可以相互共存。事实上，科技并不是未来的唯一决定因素。银行业和其他行业中主要竞争对手的策略和行动，将影响未来20年到30年金融服务业的演变。

结论

概括而言，在危机后的新竞争格局中，银行面临许多重大挑战：

- 根据年龄和性别重构客户群体。

- 发达国家的市场趋于成熟，对银行业发展不足的国家而言，银行市场将会快速增长，目前在这些国家中银行还不是最重要的金融机构。

- 中产阶级消费者的数量越来越多，他们拥有抱负、认同品牌、追求身份。

- 即使不存在敌意，千禧一代的年轻人对传统银行和银行业务仍持怀疑态度。

- 大量新技术的产生对银行后台业务、分销渠道、客户互动等方面有重要影响。在广义上，这影响了银行作为信用中介的整体经营模式。

人口、经济、金融和技术等趋势的交互影响，为银行带来全新的挑战。目前的商业模式和策略至少部分已经过时了，尤其在全球金融危机后，金融监管和竞争动力发生了变化。我们将在下一章节予以探讨。

CHAPTER 2

第二章
监管措施

全球金融危机导致了2008～2009年的大衰退，金融业中最具争议的领域可能是监管失效。公众舆论、政界人士和一些政策制定者聚焦彻底改革金融监管体系的必要性，因为其未能有效阻止自20世纪30年代以来影响广度和深度最大的银行危机。尽管监管改革不太可能在全球范围内全面铺开，但是毫不夸张地说，就统一和加强全球银行业监管而言，金融危机成为一个"分水岭"。

银行业监管：彻底改革

　　监管是银行业务的核心，因为它深刻影响着风险、增长和盈利水平。此外，监管界定了银行系统与社会之间的契约关系。银行享受其他任何行业都无法享有的特权，主要体现为国家的显性或隐性担保，目的在于从流动性和偿付能力角度确保金融系统的稳定。银行和其他金融机构享有特别支持，作为交换条件，国家实行全面的管制和监督。银行还被期望要向经济中的其他部门提供信贷支持，使企业和家庭得以运转。

　　这场危机引发的焦点问题在于，在不妨碍银行系统效率的前提下，监管和国家担保的行为边界。社会无法承受银行系统的坍塌。然而，国家也不应保证系统内的全部个体都是安全的。根据市场规律，一些银行在正常经营中倒闭，其他银行继续发展，这种规律是十分重要的。市场需要有能力区分好银行和坏银行。因此，监管需要考虑银行系统的整体稳定，以及可使银行有序进入和退出的市场机制，并在两者间寻求平衡。

2008年国际金融危机考验了两者之间的微妙关系，不同国家的选择各异。在美国和部分欧洲国家，除了监管机构外，作为政府"钱袋子"的财政部，也不得不介入这场危机，以避免金融体系发生难以弥补的损害。然而，这场危机并没有消除银行监管灵敏度和政策方面的跨境差异。另一个持续的分歧是宏观和微观审慎监管方法之间的选择，尤其是针对大型全球性金融机构。它们在不同监管辖区开展业务，但是在明示或暗示的支持及市场估值方面，受到本国规则的约束。正如英国央行前行长默文·金（Mervyn King）所言："虽然全球性银行的经营范围辐射全球，但若触犯本国的监管规则会令其终止运营（Global banks are global in life, but they are local in death）。"

然而，银行和其他金融机构不应当将监管改革视为障碍。这可能会给它们创造一个巨大的机会，使其能够脱颖而出，并重建声誉，尤其是考虑到其拥有的特权，政府为了避免灾难而花费数以万亿元计的纳税人的钱，及以牺牲股东和纳税人为代价进行高额赔偿。

银行经营活动利润和损失之间的不对称，引发了公众对政府官员施以巨大压力，迫使其需要采取更加严格的监管措施。世界各国领导人顺应民意，着手实施大刀阔斧的结构改革计划，为更加稳固的银行体系奠定基础，据称，新的体系不大可能受到系统性经济危机的破坏。

在实践中，主要有以下监管领域有可能明显地改变金融服务业的格局：

- 银行资本的新要求。如危机中所体现的那样，巴塞尔协议Ⅱ中的资本要求水平难以弥补银行在不利情况下的损失。

- 新的风险管理手段。资本要求是基于风险度量指标(风险加权资产)计算的，计算公式非常复杂且容易被"操纵"，但在预测银行破产方面的作用不大。

- **经营活动之间的隔离**。一般认为，大型银行享有一些隐性特权，包括其"大而不能倒"的性质，以及倾向于持有承担过度风险并给金融稳定带来严峻压力的不良动机。结构性改革正在进行，这要求银行必须清晰地将享有显性或隐性特权的核心业务，与非核心业务及承担较高风险的业务区分开来。

- **激励机制**。毫无疑问，银行的过度冒险在很大程度上是由激励机制造成的，无论是在组织层面还是在管理者及雇员层面上。薪酬政策，尤其是将短期业绩与奖金进行浮动挂钩，这种高度关联构成反向激励。这是为何监管改革的关键问题之一，就是要将浮动薪酬作为固定工资的一部分加以限制。

- **消费者保护**。银行不仅被指责承担了过度的风险，而且还忽视了对客户的责任。有多起丑闻是关于银行并非出于客户的利益行事（如操纵伦敦银行间同业拆借利率，金融产品的不当销售等），这些行为使消费者失去了对银行的信任。在任何新的监管目标中，消费者保护都处于重要的地位，这要求银行在组织架构、激励机制、员工行为管理方面予以更多重视。一些大型银行，特别是那些受丑闻严重影响或是声誉受损的银行，已经建立了行为新规，以严格约束所有员工。

- **对银行和其他金融活动开征新税**。在发达国家，银行的破产已经吞噬了数以万亿元计的纳税人资金，但是股东和高管却享受着繁荣时期的高收益。这种不对称（私人利益与公共损失）日益增加了对银行和金融活动开征新税的压力。

上述领域的监管改革正在紧锣密鼓地进行，更重要的是，需要在国家之间协调一致的基础上，为实现国际层面的银行业公平竞争的环境奠定基础。国际监管机构所追求的目标是减少监管套利的机会。然而，在国家政治和利益[10]的背景下，国际规则和国内规则之间的差异也意味着，需要较长的时间才能实现国际公平竞争环境。

欧洲银行业联盟（European Banking Union）在2014年底开始运作，监管框架的彻底变革对欧洲银行业影响深远。欧洲层面的规则、监管和决议的改变，其影响力将远远超出欧洲范围。我们将在分析全球监管趋势后对此进行分析。

银行业新的资本要求

　　银行工作的实质是有效地管理稀缺资本，以实现盈利。每个股东都要求银行在这方面做得最好，股东关心的是投资回报。借款人关注的是信贷成本，政府（作为借款人）也是如此。监管机构的关注点是银行的可持续发展，特别是当商业周期发生恶化时。2008年的国际金融危机引发了人们对资本充足情况的长期担忧，人们普遍认为，为了避免危机或减少其负面影响，未来银行需要更充足的资本。

过往银行资本的不足

　　简单地说，实行最低资本标准是银行监管的基石。然而，当涉及什么是"安全"或"适当"的资本标准时，监管机构仍然面临困惑。没有人知道银行应该拥有多少资本，但毫无疑问，现在银行所需要的资本比过去几十年中的要求要多。我们知道这一点，是因为现在的资本金水平不足以满足以下两个功能：弥补已经确认的损失，以及可以不间断及持续地为经济中的其他部门提供信贷支持。

由于危机初始阶段银行资本充足的水平较低，或是其高杠杆比率（通常超过30或40倍），我们容易得出结论，银行的整体损失会吞噬超过50%的资本，对于某些银行甚至超过100%。与此同时，投资者对于银行的投资兴趣几乎为零，导致未分配利润不断萎缩，政府公共部门的注资成为唯一补充资本的来源（见图2-1）。

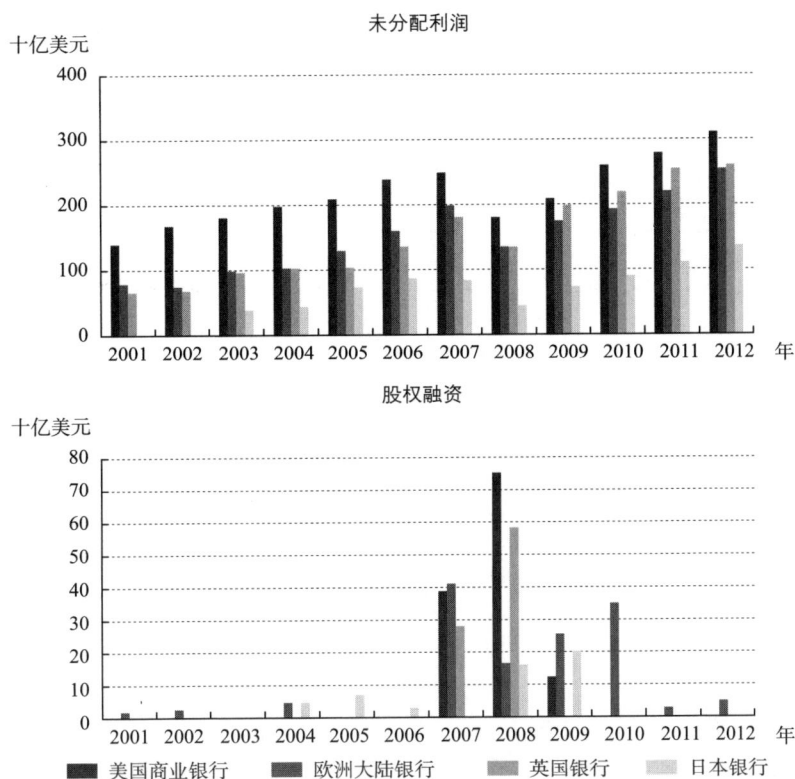

图 2-1 经济危机前后的银行未分配利润和股权融资

数据来源：Afi, Analistas Financieros Internacionales, S.A., based on BIS Annual Report, June 2013。

没有人可以掌握自危机爆发以来世界各地银行的确切损失：各国处于危机的不同阶段，尤其是确认损失的不同做法，使全球范围内比较损失程度变得非常困难。国际货币基金组织（IMF）估计整体损失略高于银行总资产的4%，各地区情况不尽相同。美国和英国的损失比较严重（占总资产的5.5%～7%），欧洲大陆稍小一些（大约占资产的3%），亚洲地区明显较低（大约占资产的1.5%）。

　　银行资产负债表的修复速度非常缓慢，银行也显然难以履行为经济发展提供信贷支持的基本职能。在美国和欧洲地区，银行明显降低了借贷水平（见图2-2和图2-3）。这对欧洲经济的影响更加明显，因为在欧洲，银行融资扮演了比资本市场更为重要的角色。

数据来源：Afi, Analistas Financieros Internacionales, S.A., based on ECB databases。

图2-2　欧洲地区信贷活动情况（年度变化）

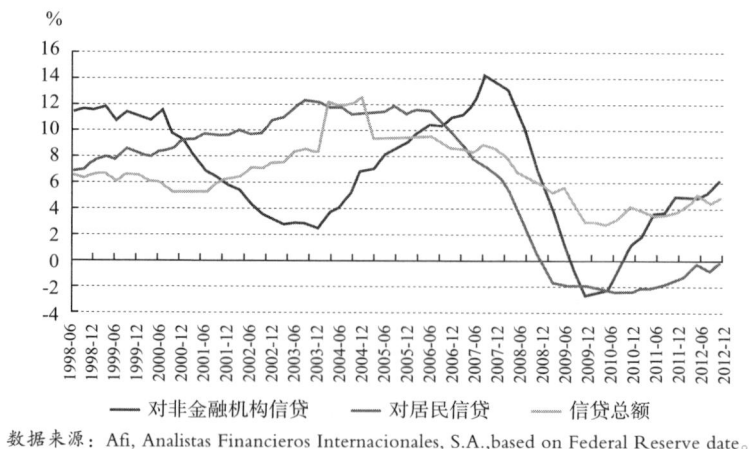

数据来源：Afi, Analistas Financieros Internacionales, S.A.,based on Federal Reserve date。

图2-3　美国信贷活动情况（年度变化）

新资本要求

银行资本金不足、在市场上筹集资金能力有限，以及信贷紧缩等因素，对落实新资本金要求构成了两难困境。一方面，银行的经营需要比过往更多的资本金，这是显而易见的；另一方面，突然提高资本金要求，会影响银行对实体经济的信贷支持力度。资本金是资本充足率计算公式的一部分（分母为加权风险资产），如果这个比例有所提升，在缺乏途径获得新资本的情形下，银行会快速削减贷款以调整该比率。对于银行监管机构来说，这构成一个时机上的矛盾：如果今天过于激进地要求银行满足更高的资本金要求，可能会避免未来的危机，但是降低了克服当下困境的可能性。

在进退两难的情况下，巴塞尔协议Ⅲ代表了一种折中的解决方案。资本金要求大幅提高，在某些情况下甚至增加一倍，但是给予一个较长的完成期限，这在短期内减轻了银行资产负债的压力（见表2-2）。这种做法不鼓励将抛售资产作为调整资本比率的唯一途径，因为它容许在市场转好的情况下筹集资本，或是随着时间的推移增加留存收益。

表2-1 　　　　　　　　　　　　　巴塞尔协议Ⅲ资本金要求

巴塞尔协议Ⅲ资本金变化概览		
	之前	现在
最低普通股本要求	2%	4.5%
+		
以普通股形式的资本留存缓冲 （此要求对利润分配施加更大限制）	0%	2.5%
=		
全部普通股本要求	2%	7.0%
+		
逆周期资本缓冲 （根据国家经济环境采用）	0%	2.5%

数据来源：European Commission, *High-level Expert Group on Reforming the Structure of the E.U. Banking Sector*, chaired by Erkki Liikanen, Final Report, Brussels, October 2, 2012。

表2-2　　　　巴塞尔协议Ⅲ阶段性协议（以每年度 1 月 1 日计算）

阶段	2013	2014	2015	2016	2017	2018	2019
资本金							
杠杆比率						满足第一支柱	
最低普通股本要求	3.5%	4.0%	4.5%		→		4.5%
资本缓冲				0.625%	1.25%	1.875%	2.5%
最低普通股本与资本缓冲	3.5%	4.0%	4.5%	5.125%	5.75%	6.375%	7.0%
普通股一级资本充足率中的阶段扣减		20%	40%	60%	80%	100%	100%
最低一级资本充足率	4.5%	5.5%	6.0%		→		6.0%
最低资本充足率		8.0%			→		8.0%
最低资本充足率与资本缓冲		8.0%	→	8.625%	9.25%	9.875%	10.5%
不再满足核心一级资本或二级资本的资本工具	自 2013 年起用 10 年的时间逐步淘汰						
流动性							
最低流动性覆盖率			60%	70%	80%	90%	100%
净稳定资金比率						引入最低要求	

数据来源：Basel committee on Banking Supervision。

　　巴塞尔协议Ⅲ中的另一个可取的创新之处是引入流动性要求，其中确定了两个核心指标。第一个指标涉及短期流动性，被称为流动性覆盖率（Liquidity Coverage Ratio），它衡量处理一个月内严重流动性危机的能力。另一个指标更为重要，称为净稳定资金比率（Net Stable Funding Ratio），它衡量为长期资产提供负债支持的稳定性。总体而言，目标是避免对波动性强的有价证券的过度依赖，尤其是那些短期证券。监管改革试图防止流动性紧缩，许多人认为这是巴塞尔协议Ⅱ最大的失败，如危机第一年银行同业间市场崩盘所揭示的那样。这两个新的指标，尤其是净稳定资金比率，试图让银行在客户资金的来源和使用上接近自我平衡。

然而，新增的流动性要求会受到融资成本、资产负债结构，以及追逐稀缺高质量资产的影响。这就是为何流动性要求与资本充足率采用了相同的安排，在2019年之前会采取渐进式要求。

对资本成本的影响

新资本要求的一个关键点是对银行资本成本的潜在影响。可以从两方面去看待这个问题。从银行自身角度，新的资本比例要求将影响资本回报率，银行以为股东创造价值为己任，银行管理者应当受此约束。从宏观视角看，银行的资本成本在某种程度上是对公司和居民贷款定价的参考指标。

在新资本要求下，若假设资本成本和负债成本相同用以简单地重新计算资金成本，将是一种误导，因为加权资金成本仅仅反映负债和资本的新混合。上述计算方式将会导致资金成本大幅增加，因为资本比债务的成本更高。

该计算方式的瑕疵在于，其未考虑到在新资本要求下银行的资本和负债将更加安全。事实上，如果银行被要求持有更多资本，股东将会比先前获得更多的保护，因此资本成本应该会更低。上述论点不仅与经典的米勒·莫迪利安尼（Modigliani-Miller）理论中关于债务与资本，或股息与资本收益之间的无差异性一致，并且在历史悠久的银行系统中得到体现，如英国和美国的一些银行。

英国央行金融稳定主管安德鲁·霍尔丹（Andrew Haldane）[11]的研究提供了有说服力的证据。在过去的几十年里，银行资本的水平极低，但在历史上并不是长期如此。与此相反，一直到20世纪中叶，银行的"资本/资产"比率接近15%甚至20%，4倍或5倍高于最近几十年的水平（见图2-4）。当时的银行不仅在资本比率方面更加平衡，而且在"流动资产/总资产"比率方面更加健康，5倍高于危机开始前的水平。

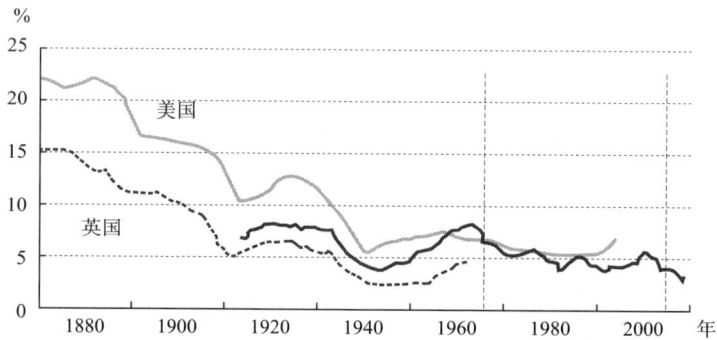

数据来源：Andrew Haldane, Bank of England, "The Contribution of the Financial Sector—Miracle or Mirage?",annex to speech given at the Future of Finance Conference in London on July 14,2010。

图2-4　英国及美国的银行长期资本/资产比率（Capital-to-Asset Ratios）

历史的趋势成为银行自身发展的动力。银行杠杆率的提高同时成为银行资产和贷款增长的原因和结果，资产和贷款的增长大幅度超过了GDP增长。在过去的一个世纪里，美国的银行总资产与GDP之间的比值增长超出5倍；英国的增长更加显著，这个数值增长超出10倍（见图2-5）。多数观察人士指出，银行管制的放松是关键驱动力：在资本金要求缺位的情况下，银行管理者追求更高杠杆的增长策略。

更有趣的是高杠杆、盈利及风险之间的综合效应。在其他条件相同的情况下，银行的资本水平越低，其股本回报率（ROE）应当越高，这是因为债务成本大大低于资本成本，但是风险因素会引起股本回报率的大幅波动。图2-6清晰地印证了上述情况。

在20世纪60年代的金融业去监管浪潮之前，银行的资本水平在10%～15%甚至更高。股本回报率比较低（平均7%），但是非常稳定，标准差在2%左右。然而，在过去的50年里，当银行将资本比率降到5%或更低时，ROE平均上升到20%，标准差上升3倍。换句话说，降低资本水平成为提升ROE的一个有效工具。这是以资本投资需要承受更大风险为代价的，因此从投资者的角度，需要更高的回报。

美国银行资产与GDP的比值　　　　　英国银行资产与GDP的比值

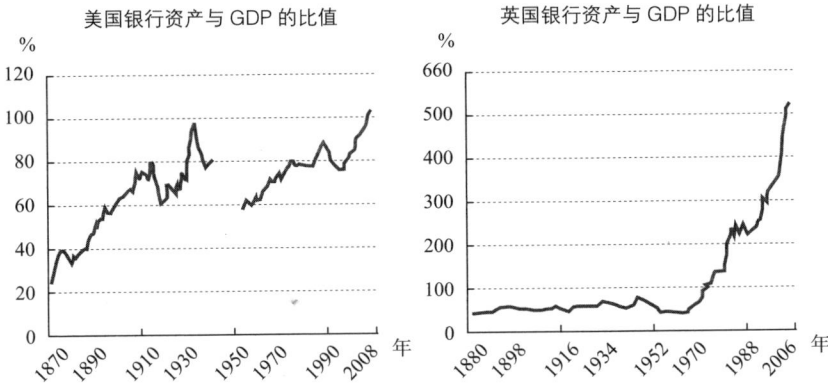

数据来源：Andrew Haldane, Bank of England, "The Contribution of the Financial Sector—Miracle or Mirage?" ,annex to speech given at the Future of Finance Conference in London on July 14,2010。

图 2-5　美国、英国银行系统规模与 GDP 的比较

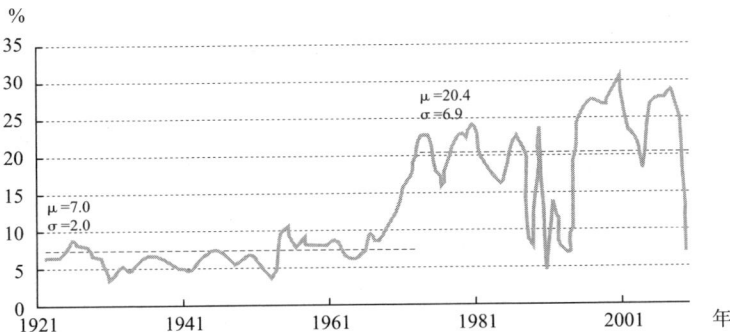

数据来源：Andrew Haldane, Bank of England, " The Contribution of the Financial Sector—Miracle or Mirage?" ,annex to speech given at the Future of Finance Conference in London on July 14,2010。

图 2-6　英国金融机构的股本回报率（ROE）

贝塔系数（Beta Coefficient）是最有效的体现投资者对银行股票风险看法的指标，它计量银行股票价格所反映出的风险，并与整体市场进行比较。图2-7展示了过去二十年银行股的贝塔系数，大量的样本来自世界各地的一百多家上市银行。从历史的角度，贝塔系数在1左右徘徊，但从2004年开始，系数上升到1.5以上。事实上，银行股的波动性已经偏离大多数其他行业的趋势，并与大宗商品的水平趋同。银行股已经变得非常顺经济周期。

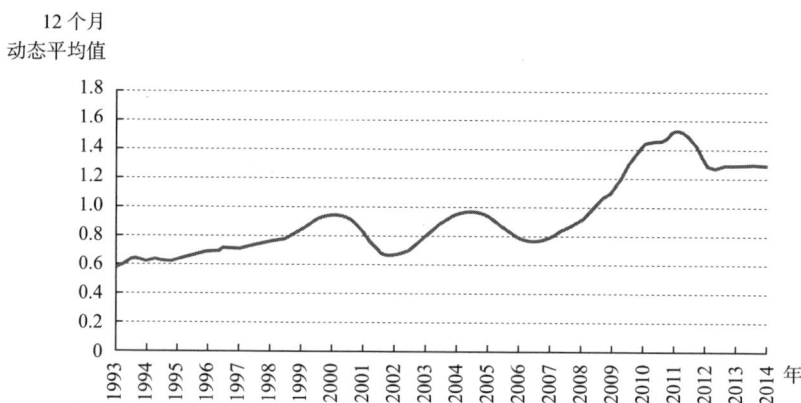

数据来源：Afi, Analistas Financieros Internacionales, S.A., estimates based on Bloomberg L.P.。

图 2-7　全球 100 大上市银行的股票贝塔系数

银行可以利用杠杆、增长和盈利等因素的长期趋势，评估资本需求增加的可能后果：

• 银行资产的增长速度将会放缓，如果银行在满足新资本要求上存在困难，资产甚至会下降。

• 在落实上述第一点中，会存在赢家和输家。在很长一段时间内，资本要求会有明显增长——假设两倍——会有一个"中性作用"。银行将需要更多资本，但是随着投资者意识到相关风险降低，资本成本将会降低。

- 当下的问题是，如何从较低的资本水平发展到长期稳定的更高的资本水平。对于一些银行而言，过渡期会比较轻松，这取决于其筹集内部资金或是说服投资者的能力。但并不是所有银行都能在这一过程中幸存下来。

- 对于那些生存下来的银行而言，最终可接受的ROE——即当更高的资本比率转化为较低的银行资本风险时——可能在8%～10%区间内。这明显低于国际金融危机前的水平，但是远远高于受到金融危机影响的成熟市场中大部分银行现在的水平。对于大多数的新兴市场，以及一些发达国家——比如澳大利亚、加拿大、斯堪的纳维亚和美国——情况会好一些。考虑到在大多数发达国家中银行预期利润会降低，为实现较为稳定的ROE水平，需要依赖运营成本的有效控制和收入效率的提高，开拓一种更有效的新商业模式，这将在第六章中探讨。

全新和简易的风险计量

除资本要求方面的改变外，银行还需要关注其他变化。在过去的几十年里，资本充足率的整个结构是基于风险加权资产（Risk-Weighted Asset，RWA）进行计算的。巴塞尔协议 I 分成四个档次，对RWA进行简单的计算。巴塞尔协议 II 的计算以评级为基础——包括内部评级和外部评级，应用范围更加广泛。这开辟了一条道路，银行在执行方面拥有更大的自由裁量权，每家银行都有自身的内部模型。当下，风险计量朝着更加复杂的趋势发展，这对于银行和监管机构而言，是一项耗时的工作。

根据英国央行霍尔丹[12]（Haldane）的记载，为了落实监管要求，过去30年间银行需要填报的表格数量增长了20倍，合规员工的数量不断增加，监管机构人员大幅增长。然而，这样一个膨胀的监管结构，并不能有效防止风险，也无法区分银行之间的优劣。此外，监管的变化增大了套利的机会，并使得银行之间甚至是银行体系之间的比较变得更加困难。

套利机会和缺乏可比性的一个明显例子是关于RWA，其是巴塞尔协议Ⅱ中资本要求的基石，因为资本要求是在RWA基础上计算的。然而，大量国际银行样本的计算表明，风险系数（RWA/总资产）与股票波动或信用评级之间没有统计上的关联。

事实上，风险系数的计算受制于大量主观因素，尤其是在使用内部评级法的大型银行中，因此它在预测危机方面的作用不大。Mike Mariathasan和Ouarda Merrouche[13]最近的一项研究清晰地验证了这个观点。研究根据银行是否"倒闭"（resolved）进行区分，即相当于经营失败但未被清算，在每个样本中，分析那些允许使用高级内部评级法的银行在风险系数方面的变化情况。那些经营良好（未倒闭）的银行并未表现出风险系数的显著变化，但是经营失败的银行由于采用内部高级评级法，反而可以产生明显较低的风险系数。这一现象说明，存在较大的监管套利空间，RWA在预测银行危机方面几乎没有价值。

事实表明，现行监管规定无法区分银行之间的好坏，这迫使监管机构需要重新考虑复杂的风险计量模型的作用，去思考单纯的无加权杠杆比率（Unweighted Leverage Ratio）①的好处。事实上，国际清算银行（BIS）最近对比研究的结论是，在预测银行稳定性方面（应对不利情景的能力），无加权杠杆比率比基于RWA计算的复杂偿债比率更加有效，这由于后者不透明且易于被操控。然而，人们不应期望监管当局完全放弃RWA计算，而是将无加权杠杆比率作为有效补充，两者之间形成相互支撑和交叉检查。

把（无加权）杠杆比率作为基于RWA计算方式的补充，增加了风险计量的准确性和全面性。将两个指标组合形成的框架获得了实践的支持，这是因为操纵某一个指标而不影响另一个指标是非常困难的，

① 译者注：无加权杠杆比率是指资本充足率根据总资产计算，而不是风险加权资产。

尤其是在两者处于相反方向的情况下。例如，投资组合风险的上升（在总资产不变化的情况下）可能对杠杆比率没有影响，但它会增加风险加权资产。相反，投资于风险被低估的资产，如在金融危机前获得较高外部评级的债务抵押证券（collateralized debt obligations），这不影响加权风险资产，但是增加了（无加权）杠杆比率的分母，因为增加了衍生品的风险敞口。

此外，监管机构可能会采取措施，采用更严格的模型审批标准以提高银行内部风险评估的可靠性。更严格的要求可以缓释统计方面的不稳定性。一个典型例子是，模型评估所包含的最短期间，所取样本是否能够涵盖一个完整的信用周期。更加严格的审批标准也会增加外界对于模型的信心。

最后，新监管要求需要市场约束（market discipline）予以补充，需要增加外部人对加权风险计算方法的理解，这要求内部模型更加透明。银行对内部模型的结构和运行进行披露，能够增加银行之间的可比性，有助于分析师和股东评估银行的比较优势，这会转化为更高的透明度和提升对银行的鉴别能力。

所有关于资本水平的新要求，尤其是更加可靠和透明的风险计量模型，将对银行的资产负债管理产生深远且持久的影响。首先，银行需要在资本配置方面更有针对性，剥离那些资本消耗过高而预期回报一般的业务。与此同时，对于银行的产品，特别是那些过度占用资本的产品，需要调整定价以适应新资本要求。最后，那些过度消耗资本的产品或业务，可能会转入影子银行体系，我们将在第三章中分析。

银行规模和银行复杂性的影响

在新的监管议题中，最突出和最具争议的问题之一是如何处理国内和国际上的大型复杂银行。提出这个问题是为了处理系统性风险，降低"大而不能倒"所带来的道德风险。

银行规模和系统性风险

在过去四十年里，银行业的规模和集中度都在增长。由于金融自由化的浪潮，特别是在1999年废除了《格拉斯·斯蒂格尔法案》（Glass-Steagall Act）后，美国和英国之间开始了一场降低监管标准的竞赛，以吸引金融机构。这一过程最重要的结果是增加了行业集中度，银行数量的持续减少，最大银行所占据的市场份额不断提高。

虽然更高的集中度在银行效率方面有明显益处（见第三章），但如果其引发国家支持银行系统的预期持续增长，从金融稳定的角度上会产生严重的问题。这些预期转化为大型银行的低融资成本，这成为进一步扩张和集中的动力，反过来恶化了"大而不能倒"的困境。霍尔丹（Haldane）多次记录了政府对大型银行的隐性支持[14]，这些隐性支持在过去十年中转化为两至三个信用级别的提升。对于大型和复杂银行集团来说，这种重要的"隐性补贴"会带来无休止的增长和集中度风险。这个趋势对银行系统的竞争结构有重要影响，在过去二十年，大多数发达国家中最大的5~10家银行的市场份额显著提升。

然而，从审慎监管的角度，那些潜在的不当动机会比对市场竞争的影响更令人担心，受到隐性保护的大型银行会以承担过度风险为代价实现快速发展，因此增加了政府从或然支持转化为实际支持的可能性。

为了记录这样一种"力争上游"的程度，我们开发出一种计量系统性风险的方法（使用股票市场贝塔值），样本为大量的国际银行，根据规模大小进行分类，并划分为两个不同时期：2007年作为国际金融危机前的代表年份，2012年是国际金融危机后可采样的最近年份，采样也应当考虑到危机后新的监管要求。

如图2-8所示，结果很明显。今天所有规模的银行的贝塔值比危机前高出30%。同时，在银行规模和系统风险之间有一个积极的关联，那些最大型银行（资产规模超过1万亿美元）显示出最大的贝塔值。经营多元化有助于降低风险，最大型银行的多元化经营可能性较大，理应风险较低。我们认为持续较高的贝塔值表明，最大型银行的风险更高，这是因为道德风险更大。

银行的增长超出一定规模会给政府带来沉重的或有负担，因为隐性担保可能会转化为实际担保。监管特别关注大型和复杂银行所固有的系统性风险，这不足为奇。监管部门已经采取两项特别措施来处理这个问题。

贝塔值

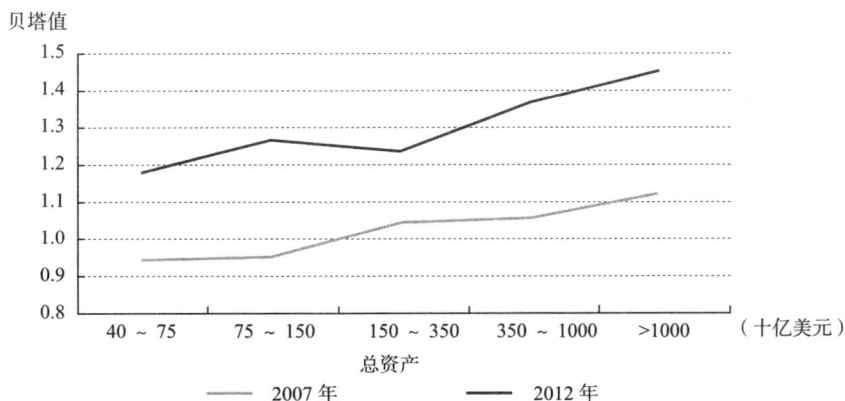

注：贝塔值计量的是股票价格对整体市场波动的敏感程度（例如，贝塔值1.5表示银行股价会比市场变动增加50%的波动性，无论是上升还是下降）。

数据来源：Afi, Analistas Financieros Internacionales, S.A., based on stock market data for 100 large quoted banks worldwide。

图2-8　不同规模银行的贝塔值

第一个措施是对系统重要性银行（SIFIs）实施附加资本的要求。巴塞尔银行监管委员会（Basel Committee on Banking Supervision）发布了一套评估系统重要性银行的方法，其依据的参数包括规模、业务复杂程度、与其他银行的关联度等。将"系统重要性"划分为五个档次，根据程度的不同，附加资本的区间从最低1%至最高3.5%。金融稳定委员会（Financial Stability Board）的职责是协调一国监管当局与国际标准，其根据上述方法发布了系统重要性银行名单及所对应的档次，这些银行需要在2016年之前满足额外资本的要求。

第二个针对"大而不能倒"问题的监管措施具有结构性。人们普遍认为，增设系统附加费这一举措的方向是正确的，消除或是至少部分弥补了国家的隐性补贴，以及道德风险所产生的反向激励。然而，有批评人士指出，部分银行的战略行为可能会产生相反的效果，因为银行被列入系统重要性机构的名单后，市场会认为其更有可能获得国家隐性支持，导致筹资成本下降，因此进一步发展和扩张。

结构性改革：经营活动的隔离

为了限制系统性银行的扩张，多项结构性监管措施已被用来处理系统性风险，最具开创性的措施是强制商业银行与从事证券业务的银行和投资银行进行分离。这些措施对大型银行影响尤甚，因为它们更容易被业务隔离的强制性要求所约束。

这个趋势的改革提议几乎同时在美国（沃尔克规则the Volcker Rule）、英国（维克斯委员会Vickers Commission）及欧盟（利卡宁报告Liikanen Report[15]）得到体现。尽管在一些具体措施上存在差异（见表2-3），但是这些改革背后的原理是相通的。基本思路是将银行的传统金融中介业务和其他业务进行隔离，金融中介业务是基础业务，对经济发展至关重要，而其他业务不应该得到同等的政府隐性担保。无论这两类业务的具体界限如何划分，以及采取何种隔离措施，这项改革开创了金融服务业的新时代。

在新制度下，存款与贷款这类基本的中介业务，应当与风险较高的银行活动所产生的损失隔离开来。此外，业务隔离可有效限制投资银行业务的过快发展，存款担保计划、央行的流动性支持及其他机制，将仅利好银行的传统业务而非投行业务。最后，业务隔离旨在鼓励银行进行机构改革，降低复杂程度或是规模，从而更便于管理、更加透明，和更容易处理危机。

2014年1月29日，欧盟委员会（European Commission）根据利卡宁报告，发布一系列建议，标志着欧盟银行业的结构性改革拉开序幕。具体而言，对大型银行的交易活动施加严格限制。

表 2-3　　　　　　　　　　　　美国、欧盟、英国的结构化改革比较

	沃尔克 Volcker	利卡宁 Liikanen	维克斯 Vickers
董事会措施	从事商业银行的机构和从事投资银行的机构相互分离	子公司化：对于自营交易和高风险交易，需通过独立的法律实体进行	"围栏策略"（Ring fencing）：对零售银行业务进行结构化隔离
对于吸收存款的金融机构:			
以本金方式进行证券和衍生品交易	否	否	否
从事做市	是	否	否
从事承销业务	是①	是	限制
承担其他金融中介的非交易性风险敞口	不限制	不限制	限制（在集团内）
持有银行和交易类子公司	不允许	允许	允许
经营区域限制	无	无	对于受到"围栏策略"影响的英国银行，对在欧洲范围外的业务进行限制

① 根据客户或是交易对手的要求进行承销。

资料来源:Leonardo Gambacorta and Adrian van Rixtel, *Structural Bank Regulation Initiatives: Approaches and Implications*, BIS Working papers, No412,2013.

受新规约束的银行是那些大型和复杂的欧洲银行，它们从事大量交易活动。认定标准包括以下两方面：（1）总资产规模超过300亿欧元；（2）交易活动金额超过700亿欧元，或超过总资产规模的10%。预计大约30家欧洲银行符合以上标准，因此会受到限制，这是把"双刃剑"：

1. 对金融工具和大宗商品的自营交易行为进行全面限制。银行用自身账户以盈利为目的进行交易，这需要承担许多风险，但是对银行客户或是整体经济没有切实的益处。

2. 其他承担风险的交易活动（如做市、复杂衍生品和证券化业务）应转移至集团内部的其他法律实体（子公司化）。这样是为了避

免银行绕过某些交易活动禁令，私下进行大量和高杠杆的自营交易，这对银行体系或更高层面的金融系统带来潜在风险。但是，如果可以向监管当局证明有足够的措施缓解风险，并获得监管认可，银行可以选择不进行业务隔离。

这些限制措施分两个阶段生效：禁令（上述第一项措施）将在2017年初生效，交易活动转移（上述第二项措施）不晚于2018年7月1日生效。如欧盟的内部市场和服务总司（Internal Market and Services）理事麦克·巴尼尔（Michel Barnier）所言，此项工作是完成对欧洲银行体系监管改革的最后一块"版图"。

这些新规定带来许多挑战，尤其是对拥有国际业务的大型综合性银行：

• 银行需要调整其总体战略和组织结构，重新考虑它们的业务范围，包括放弃一些业务。

• 在不同业务之间的资本配置将变得更加复杂，因为会对每一类业务的资本要求进行规定，并且明确不同业务条线之间不得对亏损进行交叉补贴。

• 这对国际化经营的银行提出了更高要求，因为业务的界限在不同国家间存在差异，这使得优化全球资本配置和战略安排变得更加困难。

• 银行还需要特别关注更加"复杂"客户的业务需求，它们的需求可能会突破"围栏"的界限（"围栏策略"指银行需要将一部分资产进行财务隔离，以获得更大的保护）。

消费者保护

如同监管对资本充足率要求的广泛影响，其他领域的监管同样会改变金融服务业的格局。消费者保护问题在新的监管议题中属于优先事项，这些新规定旨在恢复在国际金融危机中受到严重损害的公众对银行的信任。

有大量的有害及不当行为的案例，包括不当销售产品，无法准确设立基准利率，以及逃税和洗钱。这些行为和其他不可取的商业行为（更不用说用大量的公共资金去救助银行，但是银行决策是由待遇丰厚的高管作出）引发社会的广泛关注，银行对客户的受托责任受到质疑，银行无法像对待自有资金那样同等对待客户资金。将商业银行的基本中介职能和风险投资活动进行区分，体现了对消费者的保护。这一新的监管浪潮是对欧洲和美国许多银行狡猾和危险做法的回应，它们将银行的利润置于客户利益之上。业务之间的隔离是为了恪守一项基本的原则，即在零售层面的银行业务应当是满足大多数人日常的金融需求：保管存款（safekeeping deposits）、储蓄（savings）、小额贷款、抵押贷款、信贷和保险。隔离原则将银行的基础职能与风险较高的业务分离开来。

在新的监管议题中，大多数发达国家正在采用的监管架构体现了消费者保护的重要性。传统监管方式根据被监管机构的性质不同进行分类监管，如分为银行、保险、资本市场业务，新的监管方式倾向于采用"双峰"（twin peaks）模式。在新的框架下，将会存在两个拥有类似权力的监管机构：一个致力于确保金融市场和金融中介的稳定性及偿付能力，另一个致力于保证银行行为与客户利益相一致，银行的经营是出于客户的利益。美国消费者金融保护局于2011年成立，英国金融服务管理局（Financial Services Authority）被两个新的机构所替代，分别是审慎监管局（Prudential Regulation Authority）和金融行为监管局（Financial Conduct Authority）。这些改革是朝上述目标迈进的第一步，在不久的将来会被其他国家的监管机构所效仿。

除监管要求外，银行需要满足一些消费者保护的特别要求和行为规则，以确保银行能够公平地对待客户，履行受托责任。关于消费者保护的主要问题是：

- 金融知识和教育，目前这部分是缺乏的。这是一个非常重要的问题，特别是考虑到金融产品的复杂性和多样程度日益增加，消费者对金融产品缺乏了解，导致无法准确认识所承担的风险，以及其与银行所签合约的后果。

- 不当销售结构复杂的储蓄产品。此问题与上述提及的金融知识不足的问题有关，但也涉及银行员工在处理客户关系上的不当行为。监管机构正在采取措施，采用额外的透明度要求，根据金融产品的复杂性和风险程度进行分类，添加不同"标签"。

- 行为管理，员工文化与激励机制。监管机构希望银行能够在机构内的各个层级设置内部行为标准和适当的激励措施，确保全体员工可以将顾客服务和客户满意度作为首要事项。

- 合理的负债。消费者过度负债引发了严重的后果（法院拍卖房屋，贷款逾期等），这一问题引起监管当局越来越多的关注。许多国家已经采取措施，包括设定抵押贷款条件（债务与收入或财富之间比例的上限等），制定银行需要遵循的信贷行为准则。

- 银行的收费和费用。消费者对银行收费过高、收费缺乏透明度以及定价准确性的抱怨相当普遍，这经常使银行得给客户退款，或是来自监管机构的指令，或是银行的自身决策。出台这一领域的监管规定变得更加迫切，需要在透明度方面设置更严格的要求，甚至对某些服务的收费设置上限。随着透明度要求的进一步提升，不难想象，监管机构未来会定期发布每一家银行的客户满意度数据。

- 技术和安全。科技是新银行模式中的重要组成部分，但是零售支付技术的快速发展引起了安全方面的担忧。这体现对互联网和手机支付等新渠道的特别关注，因为这些技术的发展往往伴随着更加复杂的欺诈手段。这也是为何交易安全和信息保密是监管机构长期面临的问题。

- 操作指数/基准指标。操控最广泛使用的金融指数（Libor, Euribor和一些外汇交易指数），或是指数样本不具备代表性，这些丑闻引发公众针对银行家对客户态度方面的新一轮强烈反感。监管部门对采取不当行为的银行施加严厉的处罚，同时出台了对这些指数的管理新规。

这只是一些例子，更重要的是突出消费者保护在新监管中的重要性。对消费者进行保护，不单纯是监管要求，也关乎银行的正当性，如果银行需要挽回消费者的信心和信任。我们将在第四章通篇讨论银行正当性问题。

新税收

许多国家为了救助银行系统而花费了巨额公共资金，这引起向银行征收新税收的舆论浪潮，目的在于弥补部分公共资金损失。早在2009年9月，G20峰会授权IMF"准备一份报告，关于金融部门如何就政府负担作出公平和重要的补偿，政府负担是由政府救助银行业所引起"。针对不同的银行活动或盈利征收新形式的税收，明显成为新监管议题中的一部分。

一般来说，税收有两个目的：一是增加政府收入，二是影响经济体的行为。这种二分法在银行业方面尤为重要。银行危机给各国政府带来沉重的负担，大规模的一揽子救助计划导致公共债务攀升。银行系统的恶化导致无法提供信贷这一基本功能，引起负外部性。有鉴于此，新的银行税收被视为补偿银行系统救助成本的一种方式，甚至可以建立储备基金，以确保纳税人的钱在未来不会被用于救助银行。

银行新税收的第二个功能是作为审慎监管中的一个部分，目的在于防止银行承担过度风险。有观点认为，税收是有效抑制金融业扩张的一种方式（国际货币基金组织2010，欧共体2010），目前银行的增长速度过快，已经远远超过了临界值，对经济增长的边际贡献为负值，本书将在第三章中进行分析。

尽管对银行征收新税收具有正当性，但是监管机构和政策制定者应该思考，这种新税收是否有效，尤其是在银行全球范围内跨区域经营的背景下。在这种情况下，只有经国际层面协调的新税收措施才是有效的。最近的研究表明[16]，经合组织（OECD）成员国银行的实际税率在过去30年中持续下降，最重要的是，实际税率一直大幅低于法定税率。根据OECD数据，我们发现了一个类似趋势，银行可以在低于法定税率下不断降低自身的税收负担，如图2-9所示，这引起对新税收有效性的质疑。

此外，还必须考虑银行通过提高贷款利率或降低存款利率的方式，将税收负担转嫁给消费者的能力。当银行享有市场优势地位时，这种情况很有可能会发生。由于这个原因，任何新的税收应当出于提升银行系统竞争力这一目的。

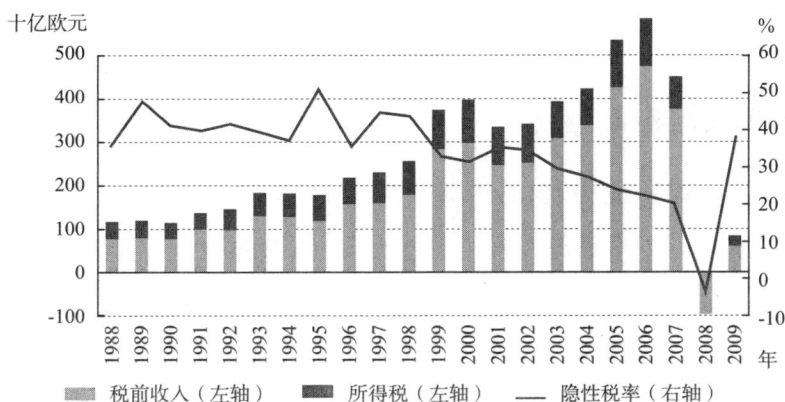

数据来源：Afi, Analistas Financieros Internacionales, S.A., based on OECD Data。

图 2-9 OECD 主要国家的银行隐性税率

关于新税收有效性的争论，特别是进一步国际协调的必要性，在欧盟提议征收金融交易税（Financial Transaction Tax，FTT）的背景下显得尤为重要。在欧盟区域内，所有股票和债券交易的税率为0.1%，金融机构间衍生品交易税率为0.01%。欧盟的倡议是尝试在欧洲国家之间协调统一不同的金融活动及对应税率。

为了便于身份识别和收集交易信息，欧盟依据的是"纳税人居住地原则"，而不考虑交易对手所在地。但是，欧盟法律委员会在最近发表的声明中指出，运用"居住地原则"方面存在法律障碍，因为这个原则扭曲了竞争，影响了FTT地区以外的成员国的财政竞争力（如英国）。上述声明预计会导致放弃"居住地原则"，FTT将在衍生品方面失去效力，只对FTT地区内发行的证券（债务和股权）有效。

这个征收办法引起了广泛批评，因为那些不参与的地区将拥有"治外法权"，会产生反向效果，甚至影响金融活动的地点。对这种税收的有效性也存在较大的质疑声。新税收很有可能会影响到交易量，因此降低了税基。此外，FTT仅是增加了银行成本这一假设并不现实，因为银行会将其转嫁给终端用户。

迈向欧洲银行业联盟

欧元区最终成为2008年国际金融危机的最大受害者，在货币联盟的约束下，不可靠的风险管理实践和主权债务问题相互交织，从而创造了历史上最为棘手的金融危机之一。危机爆发前，欧元区银行在承担新风险时呈现出不同的偏好，尤其是在政府债务和房地产领域。资金流向了那些最为激进的银行。危机爆发后，惯常的渠道无法提供有效的流动性支持，这导致了系统性危机，许多金融机构陷入极度困境。

事实证明，危机的重灾区是那些贷款增速超过20%的国家，尤其是爱尔兰和西班牙。2008年底，爱尔兰银行的贷款余额占GDP的比例是130%，西班牙则达到140%，而德国和法国则分别是90%和98%。在爱尔兰和西班牙，大部分贷款增长都流向了房地产领域，从而催生了房地产泡沫。泡沫破裂后，欧洲各地的银行都要求政府直接注资或是提供其他形式的担保。由于从私人债务转化为公共债务的可能性增加，这迅速在市场的贴现率中得到反映。

银行对公共债务的支持，仅仅是银行和政府之间关系迅速恶化的开端。攀升的失业率和下降的税收收入，增加了政府的融资需求，大多数政府债务和再融资都是通过银行的渠道进行。在缺乏可靠的"货币缓冲器"（monetary shock absorber）情况下，这种恶性循环可能会延续下去。在一组欧洲国家和银行以总负债为权重的信用违约互换（Credit Default Swaps，CDS）数据演变中，展现出两者越来越高的关联性（大约85%），向上的趋势一直延续至2012年夏天。在那个时间节点，欧洲央行（ECB）宣布了直接货币交易计划（Outright Monetary Transactions，OMT），直接购买主权债券（见图2-10）。

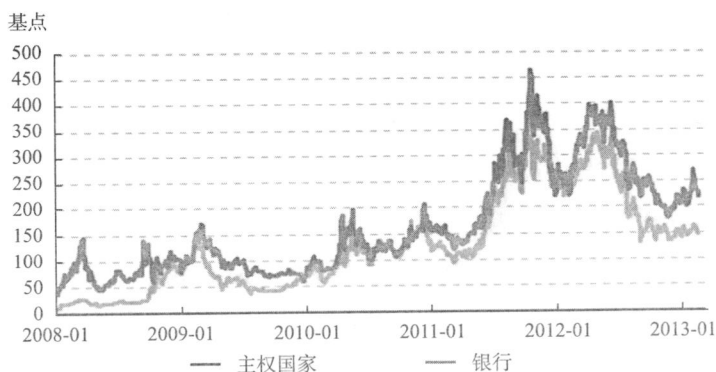

数据来源：Afi, Analistas Financieros Internacionales, S.A., based on Bloombera L.P.。

图 2-10　一组欧洲国家和银行信用违约掉期价差（基点，以总负债为权重）

银行风险与主权风险（国债）之间进行关联，最明显和直接的结果是，欧洲银行在金融市场的融资取决于主权债务市场的情况。鉴于评级机构通常认为，银行的信用评级会受到相应主权评级的约束（见图2-11），欧洲银行的筹资能力受到较大限制。

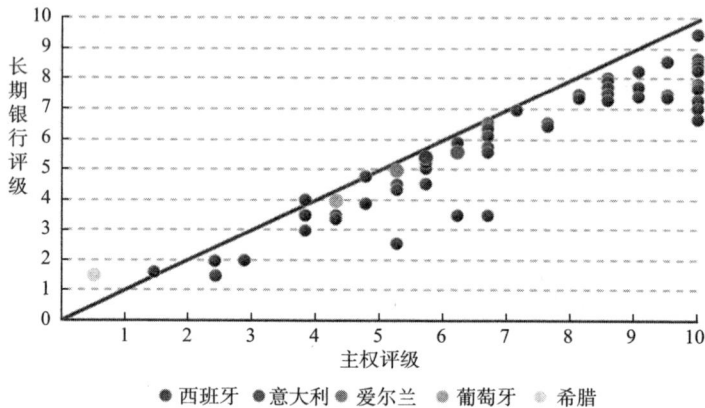

数据来源：Afi, Analistas Financieros Internacionales, S.A., estimation based on credit ratings。

图2-11　银行评级与主权评级的关联关系（2013）

银行和政府之间的联系日益密切，会导致一种现象，拥有相同偿付能力和盈利能力的两家银行，其中一家总部位于西班牙，而另一家位于德国，两者的筹集成本会有很大差异。在这种情况下，欧元区银行间市场将无法有效运转。

尽管存在货币联盟，但是欧洲银行市场日益分裂，这突出体现在零售存款方面——零售存款是欧洲银行系统的核心。如图2-12所示，在最弱的经济体中，零售存款利率至少比最强的国家高出100个基点。如果考虑到存款会从较弱经济体的银行流动至较强经济体的银行，其结果便是欧元区不同银行体系之间的完全分裂，这对家庭和公司的融资造成严重不利的后果。两家类似的公司，一家位于弱国，另一家位于强国，两者面临着不同的融资成本——高达3%或4%的差异，因此位于弱国的企业竞争地位会更加恶化。

%

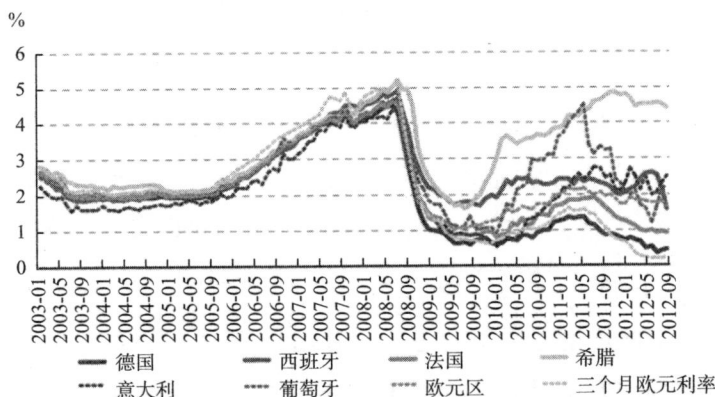

数据来源：Afi, Analistas Financieros Internacionales, S.A., based on ECB databases。

图 2-12 零售存款的平均收益

由此可见，如果没有一个完整和可靠的银行业联盟，欧元区将难以维系。需要打破银行与主权风险之间的恶性循环，并修复分裂的金融市场，这将影响非金融企业的竞争力，尤其是中小企业（SMEs）。

在过去一年半的时间内，银行联盟的建设已初见成效。这个过程还将持续十年以上，现在基本框架已经搭建好，也意味着全面银行联盟的趋势没有回头路。

一个真正可靠的银行联盟需要建立在两个支柱基础上：单一的监管机制和单一的问题解决机制。第一个支柱是欧洲银行之间建立互信的先决条件之一，无论其所处的国家。第二个支柱的目的是，即使在不同的国家，在银行破产情况下，储户和债权人都可获得相似的待遇。这两大支柱得到了欧洲议会的批准，正在进入全面实施的阶段。

欧洲议会于2013年9月批准了单一监管机制（single supervisory mechanism），将在2014年底前全面实施。它赋予欧洲央行（European Central Bank）直接监管权，监管欧元区最大的银行（130家银行，每家银行资产规模超过300亿欧元，或超过本国GDP的20%），并赋予欧洲央行监督一国当局监管本国内小银行的行为。

在欧洲央行监管大型系统性银行之前，为了评估这些银行的健康状况，确保它们以相同条件和无任何后遗症的方式进入新监管体制，正在进行一场全面的测试。测试由欧洲央行和欧洲银行管理局（European Banking Authority）共同执行，包括三个阶段：一般风险评估、资产质量评估和前瞻性压力测试（超过三年的水平）。全面测试预计于2014年11月完成，在欧洲央行承担监管职责前，测试将提示那些在接受新的监管制度之前需要完成注资的银行。

在测试中使用的参数和方法，尤其是在压力测试中，对于作为未来主管的欧洲央行的可信程度而言至关重要。市场预期——或更确切地说是市场要求，欧洲央行采取的压力测试应该比过去更加严格（之前的测试主要由欧洲银行管理局进行，它们的可信度有所降低）。

2014年4月，欧洲议会通过了一项关于银行清算的新指令，批准了"问题解决机制"。在新机制下，银行倒闭时需要私人部门的参与（包括股东、债券持有人和大额储户）。在任何公众资金注入银行以解决破产问题之前，银行权益持有人至少需要吸收8%的债务。

关于银行清算过程中的议事流程方面取得了进展，与此同时，在欧洲层面设立一定规模的清算基金，作为有效和可靠的后盾。关于第一个问题，在讨论银行清算时，目标是尽可能减少官僚主义，因为在清算时快速的决策至关重要。关于第二个问题，目标是逐步从国家层面的清算基金发展至欧洲层面的清算基金，以打破银行困境和一国财力恶化之间的循环。最终达成了一个折中方案，在8年的过渡期中，国家基金将逐步被泛欧洲基金所取代，基金规模预计达到欧元区总存款的1%。

这些过渡性措施最终得到批准，一个真正的欧洲银行业联盟拉开了序幕，所有银行都将面对相同的规则和监管，权益持有人也受到同样的责任分担机制的约束。在这样的环境下，银行的竞争策略需要着眼于全欧洲范围，即使这些银行在不同国家的业务"渗透率"有所不同。

结论

当局意识到，过去的监管措施无法阻止近一个世纪以来最为严重的银行业危机，正在对监管进行全面改革。新的监管环境正在被定义，以避免银行过度冒险的不正当激励机制，以及在享有其他行业所没有的隐性利益下利润和损失的不对称分布。从银行自身的角度，尽管监管会对某些经营自由作出限制，但这不应被视为一种障碍。监管改革可能会给银行创造机会，让它们更有区分度和重建自己的声誉，以及整个行业的声誉。

以下是受监管改革影响的主要领域，以及对银行管理的潜在影响：

• 银行将被要求拥有更多的资本，尤其是"核心资本"，因为这场危机揭示了先前的资本水平并不足以弥补不利情景下的损失。资本的计算不能单纯依靠风险加权资产，原方法已被证实是高度主观的，并不能有效预测危机。作为风险加权资产的补充，资本要求可以按总资产计算（无加权杠杆率）。新资本要求对银行的商业模式产生深远的影响。资本在不同业务条线的配置将会变得更加严格，不同部门之间的交叉补贴不再可能。资本具有稀缺性，会被配置到能够产生合适回报的业务，那些缺乏盈利能力的传统业务将会被剥离。

• 对于市场和投资者而言，拥有更多资本的银行会降低风险，因此这种商业模式对风险溢价和资本回报率的要求也会低一些，至少在一种新常态中是如此。最后需要指出的是，资本充足率比过去几十年高出约

50%，资本回报率应该稳定在8%～10%这一区间。

· 在过渡期，银行需要增加资本，但是新的低风险环境尚未被市场认可，这为管理有方的银行快速筑牢资本根基提供了契机。只要市场估值大幅有利于经营良好的银行，它们就能够发行新股以增加资本。

· 大型银行需要满足额外的资本要求，以覆盖它们所拥有的系统性风险。这一措施是对"大而不能倒"的回应，试图抵消大银行所享受的低成本筹资优势。在银行管理资本和回报预期方面，额外的资本要求不应被视为对大型银行的惩罚，更高的资本充足率预计将转化为较低的资本回报率。

· 更重要的是，大型银行被要求将传统商业银行活动（受政府担保）与其他高风险业务（如投资领域）相互隔离。这种结构性改革目的是在银行的核心与非核心业务之间建立防火墙，避免后者得到前者的补贴。银行需要调整组织结构以适应业务隔离原则，这对跨国经营的全球性银行提出了挑战。如果业务的隔离界限在不同国家之间不尽相同，跨国银行需要在运营和组织结构方面对不同区域的分支机构进行差异化管理。

· 消费者权益保护成为监管改革的核心议题，这是对金融危机期间银行涉嫌滥用职权的回应，包括金融产品的不当销售、操纵指数、结算业务的过度收费等。与此同时，还有安全与保密方面的担忧——尤其是手机银行和互联网银行的快速发展，这有利于产生对消费者更加友好的监管环境。与其他领域相比较，银行在消费者保护上有明显机会采取前瞻行动，甚至快于监管要求，拉开与竞争对手的差距。作为对消费者权益保护的回应，银行除了满足新的监管标准外，还需要在机构内部进行文化革新，实施更加严格的行为标准，始终将客户的利益置于首要地位。

· 作为对金融危机的回应，这些监管改革显著改变了银行的经营，对所有银行产生深远的影响。影响范围包括对战略目标的全面重新评估，这不仅是为了满足规定，还体现了银行社会责任的承诺。银行文化变迁需要与之保持相同的方向，这意味着对公司治理、激励机制和行为准则进行调整，朝着以客户为中心这一全新目标努力。对资本和风险计量的新要求体现了风险管理上的更高标准，但也为差异化的管理方法以及更智能和主动的数据管理留下了空间。

- 除了全球范围的银行业监管变革外，欧洲银行将面临有史以来最彻底的结构性改革，标志性事件是欧洲银行业联盟的成立。同一的监管框架，权益持有人在欧洲范围内所享有的权利和风险分摊规则相同，这在欧洲创造了一个全新的银行业竞争格局。尽管每家银行在不同的业务或是地理区域各有所长——较为依靠其原籍国——新的格局要求所有银行需要在欧洲范围内具有竞争力。

第三章
行业竞争

　　银行业需要何种程度的竞争，金融危机在多大程度上影响了银行之间的竞争，这些问题的讨论比过去更加激烈。尽管众人认可竞争对大部分经济领域中的客户是有利的，但是这个问题的答案在银行业却更为复杂和有争议。2011年夏天，《经济学家》杂志[17]就银行业竞争问题及其对金融稳定的影响举办了一场热烈的讨论。该杂志以对几乎全部经济领域持有"自由主义"而闻名，但是最终所支持的观点却是"更多的竞争使银行业更加危险"。

　　这场金融危机会明显改变银行业的竞争结构。这种变化可能源于危机本身，也可能源于政府对危机的不同对策。在发达国家，数以百计的银行已经倒闭，被清算或是并入更大的银行，导致市场的集中程度不断增加。在某些情况下，政府持有破产银行的大部分股权，这对市场结构和竞争有着重要影响。

将核心业务和非核心业务进行隔离，银行面临来自监管和市场（尤其是股市）的双重压力。银行需要剥离那些无法盈利或是消耗过度资本的业务，转而专注于拥有竞争优势的领域。这为银行业的规模发展创造了一种新模式。市场并不会过度重视银行的规模本身，对其关注程度不如盈利能力和财务实力。然而，对于银行的核心业务，将有较大的空间实现规模经济，无论是基础业务，还是在数据挖掘和商务智能（business intelligence）方面。最后，银行业会因为新的市场参与者而加速变革，这包括新开设的银行和非银行金融机构。

中国非银金融机构的发展速度或许是全球最快的，为银行业的竞争带来新契机，但也带来了金融稳定方面的隐忧，尤其考虑到对规模巨大的影子银行无法进行有效监管。在此背景下，国际监管机构正在努力建立明确的规则，提高影子银行的透明度。

这些无法逆转的趋势为银行带来挑战和机遇，为适应全新的竞争格局，银行需要采取措施提升竞争力。其中之一是技术所扮演的角色，技术发展使银行对客户关系（软信息）的依赖性减少，更强调行为模式。尽管这种方法有利于实现规模经济，但是也容易被行业内外的竞争对手所复制。

新竞争格局的另一个重要影响是人才之间的争夺战，目的是吸引和留住有才能的专业人士。银行业正在与其他行业竞争优秀的人才，但是监管新规对银行薪酬实施严格的限制，以打破薪酬体系与过度承担风险之间的不当挂钩。

金融系统：银行导向与市场导向

　　银行中介（间接融资）是经济活动中资金流动的两种基本方式之一，另一种为资本市场直接融资。比较金融系统之间差异的一个简单出发点是，从融资结构上看，对银行中介渠道或是市场渠道的依赖程度。在以银行为基础的体系中，银行将资金从投资者/储户转移到银行以外的机构。银行将分散的资金集中起来，并代表存款人对贷款对象进行监督。[18]在市场化的融资结构中，资金供需双方主要通过市场进行直接对接。在这种方式下，企业可以更容易地通过有价证券的方式（如股票或公司债券）从市场融资。

　　传统上，日本与欧洲银行的地位要比美国的高，这是因为美国的资本市场在资金供需双方的交易中发挥着更为重要的功能。图3-1清晰地展示了全球最大的金融体系之间的结构差异，即间接融资与直接融资之间的相对比重。日本或欧洲的银行资产规模与债市规模大致相当，是股市市值的3～4倍。在日本以外的其他亚洲地区，银行的资产规模远远超出债市和股市规模。与此相反，美国的银行资产规模占比相对较低，约是债市和股市规模之和的三分之一。

一个有趣的问题是，金融体系中银行或市场的占比结构是否会随着时间推移而发生变化，以及金融危机在多大程度上会推动两者之间的转换。

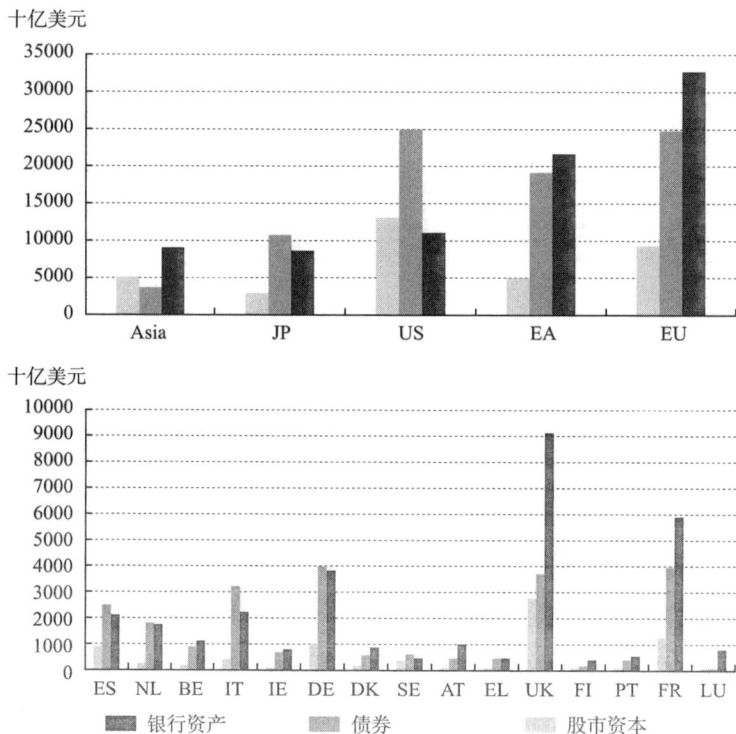

数据来源：*European Commissions' High-Level Expert Group on Reforming the Structure of the E.U. Banking Sector*, chaired by Erkki Likamen, Final Report, Brussels, October2,2012。

图 3-1　银行资产规模与股市及债市规模的比较

一些金融理论学派，尤其是赞同"有效市场假设"（efficient market postulates）观点的人，倾向认为随着国家经济的发展，融资方式更趋向于市场导向而减少银行导向。国际清算银行最近提出了一些证据来证明上述观点，尽管说服力并不是很强：银行信贷在社会总融资中的占比随着经济发展而下降，这体现为信贷总额与GDP的比率，虽然目前这种关联度仍然不足。

实际上，不同国家金融系统之间的差距在金融危机后有所缩小，这是由于许多中低收入国家的金融部门与全球动荡相对隔离，因此受2008年以来全球流动性冲击的影响较小。此外，金融机构的平均反弹速度快于金融市场，显示出危机后发展深度和效率的提升。

对于衡量银行在金融系统中的份额情况而言，最能反映其活动水平的变量是私人信贷（private credit），即私人部门从银行获得的信贷规模占GDP的百分比，这也被称为银行深度（banking depth）。金融理论认为，不同国家的银行深度与经济发展水平或人均收入相关。这可以从表3-1中推导出来，它根据发展水平和收入水平将国家进行分组，总结了平均和中等银行深度水平（私人信贷与GDP的比例）。平均而言，发达经济体的私人信贷超过GDP的100%，而发展中国家仅占30%左右，低收入国家只占约10%。

然而，整体信贷规模这一指标，无法准确反映银行活动情况，至少是银行盈利活动情况，因为这可能是由少数几个大客户所支撑起来的。另一种前瞻性的观点是计算使用银行服务的人口比例。其中一个衡量指标是每个成年人的银行账户数量，表3-2显示了这个指标在不同国家的均值和中位数。对比再次清晰地展示了发达国家和新兴国家的巨大差异，发达国家中平均每1000名成年人拥有超过2000个银行账户（每人拥有2个以上账户），但是发展中国家每1000名成年人拥有不足500个银行账户（每人拥有不足0.5个账户）。

从这些数字中可以得出两个前瞻性的结论。首先，发展中国家有明显的增长潜力，因为只有不到一半的成年人口正在使用最为基本的银行服务，即银行账户。其次，发达国家走向了另一个极端，成年人可能拥有过度的银行账户。随着银行之间服务的转化变得更加便捷，有可能降低人均账户数，以提升银行与客户的关系。

表 3-1　　　　　　　　　　　私人信贷与 GDP 的比例

单位：%

私人信贷与 GDP 的比例	国家数量	均值	中位数	标准差	最小值	最大值	加权平均*
全球	173	56.3	38.8	54.6	3.2	361.7	89.9
根据发达 / 发展中国家							
发达国家	48	113.3	100.1	68.6	3.3	361.7	103.0
发展中国家	125	34.5	26.3	24.9	3.2	112.0	60.5
根据收入水平							
高收入	48	113.3	100.1	68.6	3.3	361.7	103.0
中高收入	49	48.6	44.5	28.0	8.0	112.0	67.8
中低收入	49	30.8	27.0	18.7	3.2	96.8	36.6
低收入	27	15.4	12.8	9.8	3.3	44.7	24.9
根据地区							
高收入地区：OECD	30	124.0	109.4	52.2	43.2	228.2	103.7
高收入地区：非 OECD	17	97.3	65.6	90.7	3.3	361.7	80.7
东亚及太平洋区域	17	46.8	38.8	34.6	3.3	111.1	100.1
欧洲和中亚	19	44.9	41.1	19.6	16.0	88.1	40.4
拉丁美洲及加勒比海	29	41.5	32.0	24.2	12.3	112.0	33.4
中东及北非	12	34.5	29.1	26.0	5.5	71.8	32.1
南亚	8	35.3	34.6	17.3	7.9	66.1	41.1
沙哈拉以南非洲	41	20.1	16.4	16.9	3.2	80.8	38.7

*根据现时 GDP 水平进行加权平均；注：OECD 指经济合作与发展组织。

数据来源：Global financial development database,2008-10data.The World Bank, "Rethinking the Role of the State in Finance," *Global Financial Development Report* 2013。

　　银行在发达国家和新兴国家的渗透程度存在差异，这种现象与不同程度的竞争水平有关。有多种衡量竞争水平的方法，但它们都对衡量最终的"客户价值"（value for customers）产生直接或间接的影响，即存贷款利差，衡量存款利率与贷款利率之间的差额。

表 3-2   商业银行的账户数量（每 1000 位成年人）

1000 位成年人拥有的银行账户数量	国家数量	均值	中位数	标准差	最小值	最大值	加权平均*
全球	79	904.7	584.2	1147.3	2.4	7185.2	1339.0
根据发达/发展中国家							
发达国家	18	2004.3	1311.2	1766.1	121.8	7185.2	3761.8
发展中国家	61	580.2	395.8	598.2	2.4	3176.4	691.5
根据收入水平							
高收入	18	2004.3	1311.2	1766.1	121.8	7185.2	3761.8
中高收入	21	921.1	902.7	534.1	38.0	2015.2	997.9
中低收入	24	570.1	437.3	664.1	16.1	3176.4	725.9
低收入	16	147.9	128.9	112.0	2.4	365.5	222.5
根据地区							
高收入地区：OECD	12	2320.2	1581.8	1945.7	513.6	7185.2	3933.9
高收入地区：非 OECD	6	1372.5	878.1	1248.0	121.8	3561.8	1082.9
东亚及太平洋区域	7	668.6	431.6	630.3	44.3	1570.3	799.3
欧洲和中亚	13	1047.8	909.2	811.2	38.0	3176.4	1645.5
拉丁美洲及加勒比海	7	873.6	667.2	587.6	329.4	2015.2	967.0
中东及北非	7	385.9	343.3	295.6	77.4	873.0	384.7
南亚	5	506.7	365.5	429.7	71.1	1130.0	531.7
撒哈拉以南非洲	41	261.0	150.3	294.5	241.1	320	281.1

*根据现时 GDP 水平进行加权平均；注：OECD 指经济合作与发展组织。

数据来源：Global financial development database,2008-10data.The World Bank, "Rethinking the Role of the State in Finance," *Global Financial Development Report* 2013。

从表3-3中可以很容易地看出发达国家和新兴市场在存贷款利差方面的巨大差异。发展中国家的平均利差是发达国家的两倍，尽管后者内部的利差水平也相当不均匀。结论非常清晰：发展中国家和新兴市场的饱和程度要低于发达国家，因此可以获得更高的利差水平。

然而，如果我们简单地推断新兴国家将在银行资产或是银行的渗透率方面有所增长，逐步接近于发达市场的水平，这种结论或许是错误的。2008年的国际金融危机为我们敲响了警钟，由于银行业的饱和与低利润率，若银行利用杠杆和其他高风险手段来创造利润是不可取的，这种做法不适用于具有高普及率的成熟行业。

表3-3   存贷款利差

单位：%

	国家数量	均值	中位数	标准差	最小值	最大值	加权平均*
全球	129	7.7	6.3	6.4	0.1	41.5	6.9
根据发达/发展中国家							
发达国家	28	3.8	3.5	2.0	0.2	8.1	2.2
发展中国家	101	8.8	6.9	6.7	0.1	41.5	7.3
根据收入水平							
高收入	28	3.8	3.5	2.0	0.2	8.1	2.2
中高收入	43	6.7	6.2	5.3	0.1	34.0	6.5
中低收入	39	8.8	8.0	4.7	2.4	24.8	6.0
低收入	13.7	10.2	10.1	3.3	41.5	13.0	
根据地区							
高收入：OECD	14	2.6	2.7	1.2	0.2	4.7	1.9
高收入：非OECD	13	5.1	4.9	1.9	1.8	8.1	5.1
东亚及太平洋区域	17	7.3	5.5	4.7	2.4	20.2	3.6
欧洲和中亚	17	7.7	6.2	5.2	0.4	20.8	6.7
拉丁美洲及加勒比海	27	9.6	7.2	6.8	4.1	34.0	16.9
中东及北非	10	4.6	4.9	2.6	0.1	9.5	4.6
南亚	5	5.9	5.9	0.5	5.2	6.4	6.0
撒哈拉以南非洲	26	11.7	8.8	8.9	3.3	41.5	12.8

★根据现时GPD水平进行加权平均；OECD指经济合作与发展组织。

数据来源：Global financial development database, 2008-10data. The World Bank, "Rethinking the Role of the State in Finance," *Global Financial Development Report* 2013。

研究表明，银行活动确实存在一个最优水平，超出了临界值经济将受到伤害。Stephen Cecchetti和Enisse Kharroubi[19]近期完成了一项研究，研究由国际清算银行支持，覆盖了50个国家（包括发达、新兴和发展中国家），研究发现在过去的三十年中银行深度与经济发展呈现出反向U形关系：银行深度的发展与经济增长最初是正相关关系，但是到达拐点后继续发展会变得有害。拐点大约出现在信贷规模达到GDP的90%时。若采用银行从业人员占就业总数的百分比来衡量，拐点在3.8%左右。

大多数发达国家，特别是那些在危机前信贷泡沫严重的国家（如西班牙、爱尔兰、英国、美国），显然超过了临界值。有观点认为，这些国家中信贷投放过度，超出了银行业的承载能力。

大多数发达国家已经开始进行修正，但是速度缓慢，过程将持续超过十年。在家庭和非金融企业中，去杠杆的过程会特别激烈，这将被政府的额外债务所替代。但是与拥有众多投资机遇的大型企业相同，它们的融资需求可以在银行体系外被满足。

新兴市场的银行业

发达国家的银行业饱和与大多数新兴与发展中国家的巨大增长潜力形成鲜明的对比。处理这种不均衡为实施全球化战略的大型银行带来机遇与挑战。对于不同类型的国家而言，最佳的策略取决于两种力量之间的平衡。一方面，监管及政府可能会对银行的经营采取更多的"围栏策略"（ring fence），这使得全球战略的推行变得更加困难，迫切需要对"围栏策略"内的层次进行细分；另一方面，手机银行的发展则为全球战略提供了广阔的空间，银行服务之间的转换变得更加便捷，为实现规模经济和信息共享提供了契机。

这些机会特别适用于某些新兴国家，在那里银行业务有足够的增长空间，同时无须承担建立分行网络的昂贵固定成本。正如世界银行的认识，新技术特别是手机银行和零售支付系统，是普惠金融（financial inclusion）和经济发展的重要支柱，特别是在欠发达国家。在这方面，被引用最多的例子是肯尼亚的M-Pesa手机银行，它现在是该国整体金融服务的领导者，在肯尼亚银行业不发达和手机普及率很低的时候，它便开始了移动支付业务。这是通过手机银行的创新拉动银行和其他经济部门增长的典型案例。存在一个负面案例，俄罗斯是手机拥有率最高的国家之一，但是在手机银行方面做得却非常糟糕。

即使存在个别例外情况，但总体而言，数字银行的进步对新兴国家的驱动力比高收入国家要大。以前未能获得银行服务的人群可以很快地掌握此项技术，因此，这些国家的银行可以通过向偏远地区提供便捷的储蓄产品或信息服务，来创造额外的经济和社会价值。

与此同时，手机银行和支付技术改变了银行的财务状况，因为降低了提供金融服务的固定成本。在人口密度较低、人均收入较低的国家，这种削减成本的做法尤其适用，这恰恰是一些最有前途的新兴国家所处的环境。

通过降低成本，银行可以以更加盈利的方式拓展更多新客户，而不需在成本模型中考虑固定成本。实现这一战略需要数字银行的支持，及与合作伙伴扩大分销渠道。几个拉丁美洲国家实现了银行代理网络的快速发展。在这个意义上，墨西哥可能是最具代表性的国家，在银行网络分布中，传统网点占比不到四分之一，几乎三分之二是代理机构，其中大部分位于便利店，如沃尔玛、7-11或OXXO零售连锁店。巴西和哥伦比亚是代理网络快速发展的其他拉丁美洲国家。监管机构在这一趋势上起到了推动作用，因为它们允许小额账户在文件和信息要求上可有较大的灵活性。

这是提升银行服务覆盖率和普惠金融的重要方向，比设立传统网点更加迅速及负担更低的成本。图3-2展示了普惠金融（用拥有正式银行账户的成年人口的占比衡量）与传统网点密度（用每十万人拥有网点数量衡量）之间的关系，样本选取世界银行2012年数据中的新兴国家。虽然拟合的直线显示出两个变量的正相关关系（高网点密度是

普惠金融的先决条件），但是一些接近纵轴的国家的出现显示了这种
关系的弱化，这要归功于传统网点以外的代理网络。

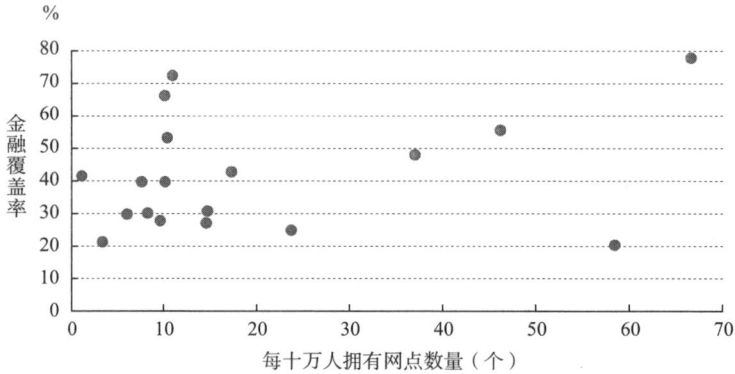

数据来源：World Bank。

图3-2　新兴国家：金融覆盖率与网点密度

新兴国家对西方银行有较大的吸引力，然而，银行在扩展时应当
审慎选择国家，金融危机的教训告诉我们，缺乏合理商业判断的过度
扩张会导致灾难。银行应该选择性地扩张，选取能够利用其国内竞争
优势的区域，以及在合理风险水平下业务能有明显增长机会的区域。

为了从那些具有更好和更加均衡发展机会的国家中总结经验，我
们在图3-3中绘制了一组新兴国家的银行饱和度（以贷款规模和GDP
衡量）和人均收入。最具吸引力的国家是那些在右下象限（高人均收
入和低饱和度）的国家，根据这两个参数，俄罗斯和拉丁美洲是最吸
引人的国家。有另一个极端（左上象限），这些国家拥有较高的银行
饱和度和较低的人均收入，中国是其中一个例子。

中国是新兴国家中贷款与GDP的比例较高的国家，这是长期以来
信贷泡沫的结果，在大约十年的时间里，信贷规模增加了四倍，这也
引发了人们对系统安全的担忧。考虑到中国经济中几乎有三分之一的
未清偿贷款是通过监管宽松的影子银行进行的，人们的担忧不免加
剧，这将在本章后文进行探讨。

在世界上人口最多的国家，银行信贷规模如此大幅增长，对全球银行体系有重要的影响，中国的银行出现在全球最大和最赚钱银行榜单中的显赫位置。2005年，全球市值最大的25家银行均位于发达国家，但是目前至少有8家位于新兴市场，其中有4家位于中国。实际上，中国的四大行跻身全球十大银行之列。

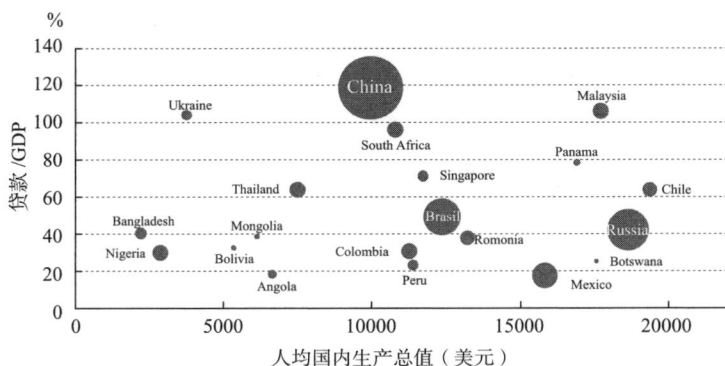

数据来源：World Bank。

图 3-3　新兴国家：贷款 /GDP 比率与人均国内生产总值

在过去的十年中，新兴市场实现了巨大增长，但是最近的金融动荡会导致经济增长率放缓。在世界主要银行中，新兴国家银行所扮演的角色越来越重要，经济增长的放缓难以遏制这种明显的趋势，因为新兴国家银行的发展速度显然要比西方同业快得多。

银行竞争、盈利与效率

为应对金融危机，政府采取了一些措施，其中包括向问题银行注入大量资金，或是采取扩张性的货币政策，这最终会对竞争结构造成负面影响。退出这些非常规措施，对于防止竞争结构的扭曲至关重要。

人们普遍认为，管理银行危机要求政府接管银行，或提供担保，以维持金融系统的稳定和银行的放贷能力。政府甚至会对银行采取控制行为，以促成重组。在这种特殊情况下，竞争政策应该在有效解决银行危机和维持公平竞争环境之间进行取舍。政策必须在两者之间取得平衡。在必要时，竞争政策也可能会临时调整，允许更高的银行集中度。这方面的一个例子是英国的劳埃德TSB集团收购了破产的HBOS[①]。在正常情况下，这项并购的规模会触发竞争管理机构的行

[①] 译者注：劳埃德 TSB 集团（Lloyds Tsb Group）成立于 1688 年，是一家设在英国的银行和金融服务集团，主要从事贷款和抵押，储蓄与投资，保险等业务，在全球有 2400 多家分支机构。HBOS 是苏格兰哈里法克斯银行（Halifax and Bank of Scotland），成立于 2001 年，是由哈利法克斯有限公司和苏格兰银行合并而成。

为，然而，英国政府豁免了此项并购的竞争审查。这些监管例外允许银行重建特许权价值[1]（charter value），或促进先前过度扩张的银行体系的萎缩。

政府部门的相机介入给其他银行带来挑战和机遇。在短期内，政府的出现可能构成一个屏障，允许一些低效率的银行得以维系，这将导致不当竞争。这种负面效应可通过对被政府救助的银行实施严厉的措施予以消除，以防止它们扭曲竞争，譬如支付更高的存款利息，或者明示由于政府的介入才使其较其他的银行获得额外的安全保障。这些措施在欧盟尤为明显，欧盟委员会援引国家救助规则（state aid rules），对被救助银行实施严厉措施甚至是制裁，这包括荷兰国际集团（ING）、富通银行、德国商业银行、苏格兰皇家银行和劳埃德银行等大型银行。

在西班牙，尽管被救助银行的个体规模较小，但对整体市场份额有较大影响，因为合并了近30家储蓄银行的7家银行集团被实施救助，并被适用国家救助规则。这些措施包括严格限制规模（在业务条线、分支机构及银行员工方面），以及对零售存款的增长和存款利息的限制。

从长远角度看，被救助银行恢复到完全的私人所有和管理，或者其中一些银行被破产清算，最终结果是竞争结构的重构，为那些财务实力较强及拥有良好客户服务业绩的银行提供发展契机。

对问题银行直接注入公共资金并不是当局用来帮助银行系统渡过危机的唯一工具。还有另外一种做法，即采取扩张性的货币政策，以几乎零利率向银行系统提供无条件流动性支持。对问题银行或是整个银行体系而言，这种措施的作用更大，因为其更加依赖央行的流动性支持作为结构性融资来源。

---

[1]　译者注：特许权价值是指银行拥有金融特许营业牌照的价格。

欧元区对上述措施的依赖程度比其他地方都高，尤其自2011年中以来，几个欧洲国家（希腊、爱尔兰、葡萄牙、西班牙、意大利）的国债市场和批发融资市场几乎崩溃，迫使欧洲央行对银行以接近零利率提供无条件中期融资（三年期）便利。这种融资是通过将银行在一级市场中认购的国债作为抵押品的方式完成的。

欧洲央行的这种做法有两个直接后果。首先，它允许欧洲央行通过银行中介，间接向欧洲各国政府提供资金，因此绕过了欧洲央行禁止向政府提供直接融资的禁令。其次，银行通过所谓的"套利交易"获得了新收入来源，在国债投资组合的收益与从欧洲央行取得的几乎零息资金成本之间存在利差。欧元区的银行大量使用欧洲央行提供的这种便利，追逐净息差。

这一额外的净利息收入来源很可能是表3-4所显示数据中存在"矛盾"的原因。根据国际清算银行的数据，我们总结了不同银行系统的净利息收入，将危机之前（2000年至2007年）和危机之后（2008年到2012年）的平均水平进行对比。欧元区银行与其他地区银行在净息差方面形成鲜明对比，后者在危机后的净息差明显低于危机前的水平。

我们认为，欧元区的净息差增长是一个临时性例外，它迟早会被纠正，届时欧洲央行会退出全部临时措施。相反，随着竞争的加剧，净息差存在下行压力，这源于新成立的银行和其他行业（如零售）拓展银行业务，我们将在本章后续部分进行探讨。

除了竞争压力外，另一个对净利息收入的不利因素是，在大多数发达国家，在低经济增长和低通胀预期下，低利率预计会持续很长一段时间。低利率环境容易降低银行的净息差，这是因为活期存款的杠杆作用。这些存款是银行负债的重要组成部分，在部分情况下，尤其是那些以低收入人口为主要目标客户的银行，可能占据银行总负债的

30%，而且通常为零利率，特别是家庭和小公司所持有的小额活期存款账户。这些结构性零成本存款的贡献在高利率环境中会更大，因为会被以更高的利率放贷。相反，在低利率环境下，如我们所预期的很长一段时间内，低息存款的贡献程度相对较低。

考虑到净息差降低这一趋势，银行需要相应的调整成本结构。在表3-4的最后一列中，总结了危机前后的运营成本。所有银行都能明显地降低运营成本，事实上，下降幅度超出了利差的下降幅度，因此银行得以提升它们的结构性运营效率，这可以用营运费用在利差中的占比来衡量。

事实上，部分银行资产的公允价值大幅下调，不得不计提更高的拨备，银行的运营成本也下降得更多。在这方面，最明显的例子是西班牙、英国及美国，由于资产质量恶化，需要计提大额拨备。然而，在日本和德国，由于资产损失小很多，它们的银行并没有采取明显的措施来降低运营成本。

表 3-4　　　　　主要银行的盈利能力（在总资产中的百分比）

国家	净息差		贷款减值准备		运营成本	
	2000 ~ 2007 年	2008 ~ 2012 年	2000 ~ 2007 年	2008 ~ 2012 年	2000 ~ 2007 年	2008 ~ 2012 年
澳大利亚	1.96	1.82	0.19	0.27	1.99	1.20
加拿大	1.74	1.61	0.24	0.23	2.73	1.82
法国	0.81	0.93	0.13	0.23	1.60	1.08
德国	0.68	0.82	0.18	0.15	1.38	1.22
意大利	1.69	1.76	0.40	0.78	2.27	1.73
日本	1.03	0.88	0.56	0.13	0.99	0.80
西班牙	2.04	2.34	0.37	1.15	2.29	1.66
瑞典	1.25	0.93	0.05	0.14	1.34	0.85
瑞士	0.64	0.56	0.05	0.04	2.39	1.92

续表

国家	净息差		贷款减值准备		运营成本	
	2000 ~ 2007 年	2008 ~ 2012 年	2000 ~ 2007 年	2008 ~ 2012 年	2000 ~ 2007 年	2008 ~ 2012 年
英国	1.75	1.11	0.31	0.47	2.02	1.31
美国	2.71	2.44	0.45	0.82	3.58	3.03
巴西	6.56	4.60	1.24	1.44	6.21	3.56
中国	2.74	2.36	0.31	0.28	1.12	1.02
印度	2.67	2.63	0.88	0.53	2.48	2.39
俄罗斯	4.86	4.40	0.84	1.13	4.95	2.75

数据来源：Afi, Analistas Financieros Internacionales, S.A., based on BIS *Annual Report*, June 2013。

　　这些不对称行为（asymmetric behaviors）给银行在危机后新格局下的竞争定位提供了借鉴。在某种程度上而言，银行只有依靠结构性效率的提高才能维持经营模式的持续性，银行必须对来自资产清理需求（asset-cleaning needs）的市场压力作出反应，以获得结构性效率的提升。

银行估值的驱动因素

在新环境下，银行的资本具有稀缺性，其优化将是战略决策的核心，银行估值十分重要，因为这是筹集资本的重要因素。为探讨这个问题，我们对来自美国、欧洲和亚洲的90家大型国际银行的估值驱动因素进行了分析。我们将市净率（price-to-book ratio，P/B）作为衡量价值的指标，并通过偿付能力比率（由一级资本衡量）、盈利能力（股本回报率）和规模（市值）予以解释。我们对2007年和2012年这两个年份进行了统计分析，为了避免不同地理区域因危机恢复的时间不同而产生的偏差。

首先，偿付能力比率（用一级资本衡量）与估值之间的联系并不是十分明显。事实上，两者在2007年并没有太大的关系，但是2013年的数据展示了两者之间积极的联系，尽管在解释力（explanatory power）上并不是十分充分。然而，若仔细观察不同地理区域之间的差异，我们可以得出结论：亚洲银行的偿付能力与估值之间没有明显的关系，但是美国和欧洲的银行在两者之间表现出更为积极和明显的关联。这可能是金融危机对美国和欧洲银行的影响更加严重的结果，部分银行的股东权益被摊薄，因此引发投资者对于高额资本缓冲（capital buffers）有效性的担忧。

银行的盈利能力是通过股本回报率（ROE）进行衡量，盈利能力无疑是银行估值的一个更加有力的解释因素，解释力从2007年的44%提升至2013年的66%。

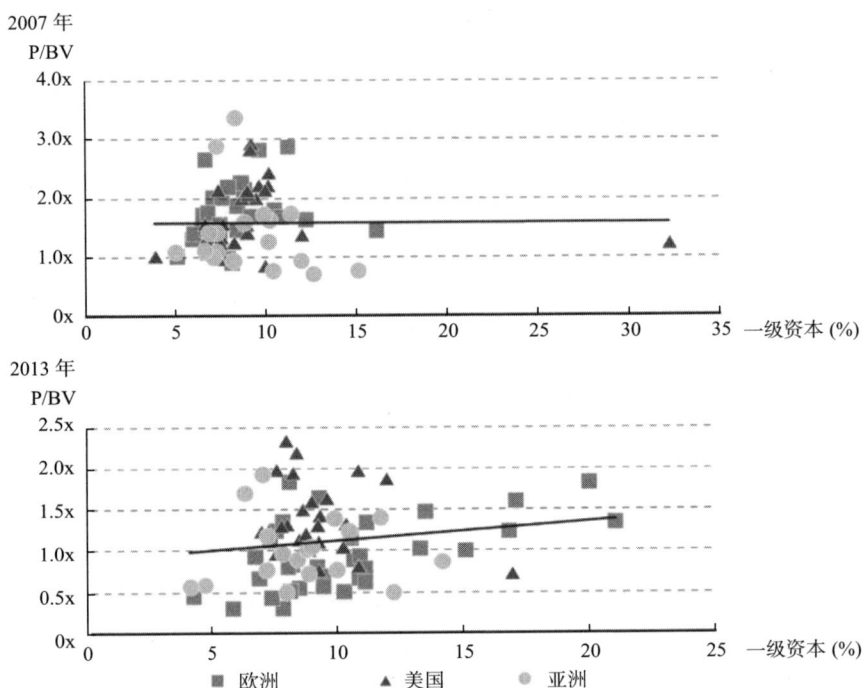

数据来源: Afi, Analistas Financieros Internacionales, S.A., based on data from Bloomberg L.P.。

图 3-4　银行估值（市净率）与偿付能力（一级资本）

银行的股本回报率为8%，其P/B估值约为1.0；股本回报率为5%，估值约为0.8；股本回报率为12%，估值约为1.5。分别考察美国、欧洲和亚洲的银行，股本回报率与P/B的关联程度高度相似。

最后，银行规模（按市值计算）这一指标并不能很好地预测银行的估值，因为两个变量之间的统计关系尽管是积极的，但是并没有意义。

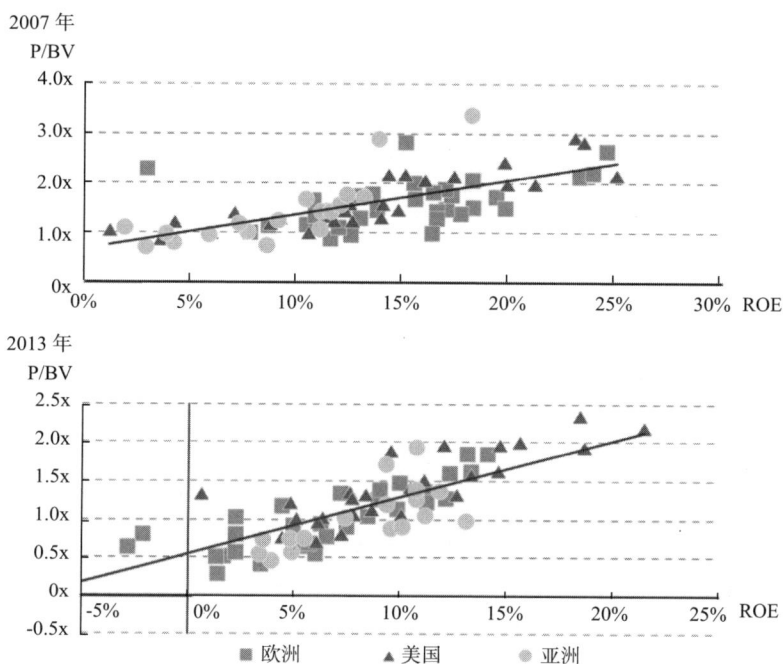

数据来源: Afi, Analistas Financieros Internacionales, S.A., based on data from Bloomberg L.P.。

图 3-5　银行估值（市净率）与盈利能力（股本回报率）

当在一个多元框架下同时考虑这三个因素时，只有盈利能力和偿付能力是重要的（偿付能力的影响相对较轻），而规模指标并不重要。从这里可以看出，市场并不会因为银行的规模而提升银行的估值。如果一些大型银行放弃业绩不佳的业务，将会提高估值。

英国央行的安德鲁·霍尔丹[20]得出了相同的结论，他认为市场正在向银行管理者发出非常清晰的信息。即使不考虑结构性改革（Vickers，Volcker，Liikanen），市场也在告诉银行，它们应该对业务进行区分，重点关注那些创造价值的业务：如果银行的价格低于账面价值，股东更倾向于分别出售银行的各种资产。

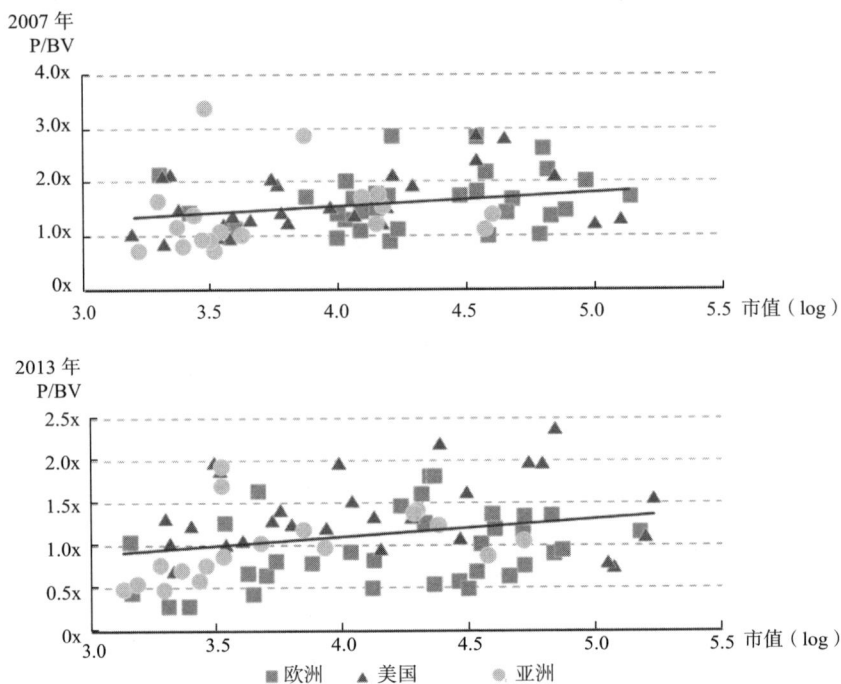

数据来源：Afi, Analistas Financieros Internacionales, S.A., based on data from Bloomberg L.P.。

图 3-6　银行估值（市净率）与银行规模（市值）

麦肯锡[21]最近发布的一份关于国际银行重组压力的报告也得出类似结论："金融机构必须在其核心业务中建立起足够的优势，并剥离规模较小、非核心和资本消耗过度的业务。"因此，银行在规模上将会发生转变，经营它们最为擅长的业务。

从这些观点中，我们可以归纳出一些关于银行规模和结构复杂性的前瞻性结论：

无论监管是否要求大型和复杂的银行"解体"，来自市场和盈利的压力要求银行必须专注于其经营长项，以获得更好的竞争地位。

　　银行需要根据资本充足水平的要求，剥离那些不再盈利的资产和业务，转而专注于盈利的业务。然而，会有较大的空间在其保留的业务方面实现规模经济，这不仅节约了成本，更重要的是信息资源管理优势和为客户提供了价值。

银行业的规模经济

银行的规模效益主要与规模经济可以降低单位经营成本有关。做大规模可以帮助银行实现规模经济，大银行更有可能在多项业务中实现整体规模的增长并保持单项业务的规模。

早期的实证分析发现，银行规模经济的效果并不明显，资产规模的最高值处于相对较低水平。艾伦·博格（Allen Berger）和洛雷塔·梅斯特尔（Loretta Mester）[22]的研究发现，银行的规模经济效应在中等规模时就达到极值，只要平均成本曲线呈现出相对平缓的U形，中等规模的公司就会略微比非常大或是非常小的公司拥有更高的效率。

银行超出一定的规模会导致经营成本增加，"大而不能倒" 对其是一种补偿，之前的研究也强调了这种补偿所引发的竞争扭曲。大型银行被认为享有更多的保护，在存款市场上拥有明显的优势，从而转化为更低的筹资成本。安德鲁·霍尔丹[23]测算了大型银行所享有的隐性补贴，发现补贴占据了其规模经济效应中的大部分。霍尔丹进行了估算，如果剔除隐性补贴（向大型银行收取除去隐性担保后资金成本增加的部分），规模经济的作用将完全消失（见图3-7）。

　　然而，在这一点上并没有达成共识。在最近一项研究中，洛雷塔·梅斯特尔（Loretta Mester）和约瑟夫·休斯（Joseph Hughes）[24]得出的结论是，存在更高规格的规模经济效应，超越了传统大型银行创造的规模经济效应，也超越了"大而不能倒"带来的隐性补贴。他们通过使用更灵活的生产模式得出这个结论，允许银行经理设计出实现最佳风险回报组合的商业模式，而不是单纯的最低成本生产函数。

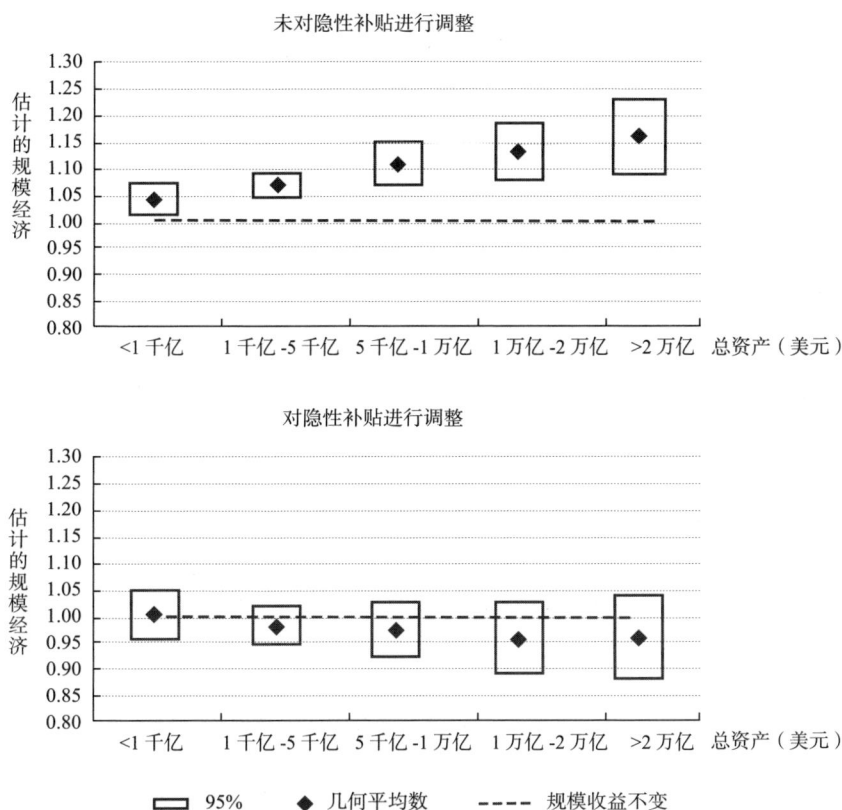

未对隐性补贴进行调整

估计的规模经济

| 1.30 |
| 1.25 |
| 1.20 |
| 1.15 |
| 1.10 |
| 1.05 |
| 1.00 |
| 0.95 |
| 0.90 |
| 0.85 |
| 0.80 |

<1 千亿　1 千亿 -5 千亿　5 千亿 -1 万亿　1 万亿 -2 万亿　>2 万亿　总资产（美元）

对隐性补贴进行调整

估计的规模经济

| 1.30 |
| 1.25 |
| 1.20 |
| 1.15 |
| 1.10 |
| 1.05 |
| 1.00 |
| 0.95 |
| 0.90 |
| 0.85 |
| 0.80 |

<1 千亿　1 千亿 -5 千亿　5 千亿 -1 万亿　1 万亿 -2 万亿　>2 万亿　总资产（美元）

▭ 95%　　◆ 几何平均数　　- - - - 规模收益不变

数据来源：Bank of England's Andrew Haldane: On being the right size. Speech at institute of Economic Affairs' 22nd Annual Series, The 2012 Beesley Lectures at the Institute of Directors, Pall Mall, October 25, 2012。

图 3-7　银行规模经济："大而不能倒"补贴的影响

他们的结果表明，大银行并不是因为"大而不能倒"所带来的成本优势才追寻规模经济。相反，驱动因素是技术性优势，例如经营的多元化，信息传播的成本以及其他并不随规模增长而相应增加的成本。银行业巨大的规模经济表明，除"大而不能倒"所带来的成本优势外，技术性因素是不断扩大规模的重要驱动力。

展望未来，考虑到将对系统性银行的额外资本要求，"大而不能倒"的成本优势很有可能会逐渐消失。因此，银行规模扩张的重要驱动力是技术性因素所主导的规模经济效应，这些因素确实存在。在新的银行模式下更是如此，客户管理将更多地依赖于"关系型银行"（Relationship Banking）和"硬信息"（Hard Information）的处理能力。

行业融合，客户忠诚度与科技发展

科技已经改变了许多行业，银行业也不例外。科技加剧了银行业的竞争，竞争不仅来自现有银行还包括新设立的银行，行业融合将是大势所趋。科技将至少通过两种方式改变银行业的竞争：客户从一家银行转到另一家银行会更加便利，这降低了客户的忠诚度；客户忠诚度下降将使"硬信息"（Hard Information）[①]变得更有价值，传统客户关系所依赖的"软信息"（Soft Information）[②]的重要性下降。

客户更换银行服务与忠诚度有很大关系，客户对银行的忠诚度目前还远不能令人满意。TNS Global是一家领先的政治和社会研究公司，[25]根据其数据，银行业的客户满意度和忠诚度是较低的，仅高于

---

① 译者注：硬信息是指"可以言传"的信息。借款企业所提供的财务报表、外部评级、经营计划、贷款担保等，均属硬信息。在银行贷款业务中，硬信息主要是财务信息。

② 译者注：软信息是指不能按标准化办法收集和处理从而无法通过书面方式在借款人与银行之间以及在银行内部准确传递的信息，是"只可意会"的信息。借款企业经营管理者的性格、企业文化、企业信用、与供应商及客户的关系、社会形象等均属软信息。在银行贷款业务中，软信息主要是非财务信息。

公共事业，明显比移动运营商、汽车和超市等其他行业要差，上述几个行业拥有最高的客户忠诚度。

年轻人（18～34岁）对银行的满意度和忠诚度更加糟糕：约有四分之三的年轻人认为银行之间没有区别，他们更换银行服务的概率比一般客户高出四倍。事实上，根据TNS的研究，只有小部分更换银行的意愿会转化为实际行动，这是因为更换银行的不便和银行的市场支配力。

在这种环境下，为客户转换银行提供便利将导致银行业竞争的颠覆性变革。一些国家，比如美国和澳大利亚，一段时间前就开始朝这个方向发展，要求银行为客户提供更多这方面的信息。在2013年，英国金融行为监管局（Financial Conduct Authority）致力于实施一项活期存款账户重置服务，以帮助那些希望更换银行服务的个人和小企业。在提案中，覆盖了超出市场份额97%的33家银行，在2013年底实现7天更换账户的服务。这项新服务保证在7个工作日内完成新账户的开立，同时抓取旧账户（已关闭）中13个月内的所有贷记和借记信息，以更新其新系统中的信息，并向原始债务人发送提示。这项服务对于客户是免费的，并向客户保证若发生错误也不会遭受损失。

近期，由英国支付委员会（Payments Council）[26]公布的结果显示，新服务在前三个月取得了明显的成功，它提高了公众对新服务的认识；预期目标已经达到，99.6%的换户行为在7个工作日内完成，这是银行所承诺的。根据2013年第四季度的数据年化计算，转户行为按年增长了17%，但是12月的数据比去年同期增长了54%。考虑到这项新服务取得的成功，英国政府应该认为没有必要采取更激进的替代方案，其中之一就是银行账号的移植[①]（bank account number portability）。

---

① 译者注：银行账号的移植是指在不更改账号的前提下，更换银行服务。

更换账户的普及无疑会降低客户对正在使用的银行的忠诚度，让其他银行（现有或新设）或是其他行业更容易捕捉新客户。在这其中，零售商对传统银行构成了最直接的威胁。

零售业是客户满意度和忠诚度最高的行业之一，它经受住了经济衰退的消极影响，尤其适合在银行失去顾客忠诚度的过程中获益。一些主要和知名的零售商已开始在信用卡和贷款等零售金融服务上展开竞争，并逐步尝试开立活期账户，玛莎百货（Marks & Spencer）和特易购（Tesco）已经宣布将采取行动。

传统零售商并不是现有银行面临的唯一威胁，新银行会涌现，新银行将会最小限度地进行基建投资，拥有灵活的成本结构。英国的都市银行（Metro Bank）于2010年成立，是一个明显的例子。通过运行IT平台（由Temenos[①]提供），根据客户每月的使用数量，都市银行得以获得经营牌照，开设为数不多的几个分支机构，以极其优惠的条件提供基础银行服务，经营成本较低，成本结构灵活。另一个相似的例子是Aldermore银行，它租用了一个IT平台，在一个混合（自有和贴"白标"[②]）产品组合下，重点发展商业客户和中小客户。这两个例子有可能在其他地方被复制。

西班牙对外银行（Banco Bilbao Vizcaya Argentaria）董事长弗朗西斯科·冈萨雷斯最近写道，银行业的新进入者不会受传统的限制：过时的系统和昂贵的分销网络。到目前为止，大部分的新进入者（PayPal、Square、iZettle、SumUp、Dwolla）在市场上均占有一席之地。然而，他们可能会扩张或寻求联盟。可以肯定的是，在数字世界中拥有强大品牌和数百万用户的大型公司将会加入这场竞争。[27]

对银行来说，这既是机遇也是威胁。许多新竞争对手正在数字银

---

① 译者注：Temenos 是全球领先的银行核心系统提供商，总部位于日内瓦。

② 译者注：贴"白标"指的是向客户提供的产品或服务源于第三方，并非自身的产品或服务。

行领域进行创新。在这一过程中，他们不断蚕食银行价值链中的某些部分。谷歌推出了一款塑胶借记卡以配合谷歌钱包，这一产品被百万消费者使用，PayPal在许多国家是排名第一的在线支付方式。银行面临的风险是，被这些新的数字竞争对手挤压生存空间，成为只向客户提供基础服务的公用事业单位。

相比之下，银行有特殊的契机，即利用数字技术来发挥它们所拥有的巨大优势，主要是消费者的交易和消费习惯信息。通过将这些数据与其他来源（如社交媒体）的个性化信息结合起来，银行可以为客户交易提供有价值的服务。与此同时，大部分银行可以通过手机向客户提供量身定制的广告和服务，大数据（"硬信息"）允许银行出于客户利益更好地进行定价。实际上，这些服务将对大银行最有利：数据越多越好。

银行领域的人才竞争

　　银行业务模式的变化，根源于更先进的技术、更高的客户服务标准、更便利的市场准入，这营造了一个激烈的竞争环境，只有强者才能生存。因此，对于优秀员工的需求比先前更加迫切。

　　银行业的人才争夺战恰逢监管出台对薪酬的新规和限制。在危机之前，银行高管和一些员工的薪酬水平比其他经济部门的增速要快得多。此外，人们普遍认为银行业的薪酬政策导致了过度冒险。这就是为何金融稳定委员会（Financial Stability Board）从20国集团获得的第一项任务，便是研究银行薪酬方面的优秀实践。

　　托马斯·菲利蓬（Thomas Philippon）和阿里埃尔·雷谢夫（Ariell Reshef）[28]对银行薪酬的比较研究有深远的影响，研究范围涵盖了整个世纪。根据他们的成果，在20世纪早期，银行业的工资水平是非金融业的1.5倍以上，但在大萧条后很快就下降了，在20世纪60年代和70年代时趋于平稳。在过去的四十年中，达到更高的1.7倍。

　　然而，该研究最大的价值在于发现银行业薪酬与两个因素之间的紧密联系，即监管和员工资格条件（由拥有高学历员工的比例衡量）。对于上述因素之间的相互关系，得出一个有解释力的论据并不难。当放松管制时，银行能够从事更多样和更复杂的活动，与简单、传统、要求不高的金融中介活动形成鲜明对比。

　　薪酬与教育程度之间的关联是清晰的，由于金融活动的复杂性和需要更高文凭，应当转化为更高的工资。但是，薪酬政策与过度风险承担之间的反向激励问题出现了。从监管角度，银行薪酬政策不应与绝对或相对条款挂钩，否则就会在一定程度上鼓励过度冒险。

　　招聘和薪酬政策的发展趋势，会受到外部监管以及危机后的银行竞争格局的制约。预计整体监管水平会有所提升，股价压力可能会促使银行退出风险较高的业务，转而专注于更小范围的业务。这两个因素有可能会降低银行员工的薪酬水平，尤其是那些从事投资银行等高风险活动的员工，他们在过去的三十年中获得的薪酬远远高于其他经济部门。消费者信任程度下降，激励机制受到限制，会降低银行对于应届毕业生和有经验人才的吸引力。

　　与此同时，将会出现一种新型的人才争夺战，追逐的人才集中在懂得如何从客户大数据中提炼价值，以及挖掘新技术潜力以获得更广泛的客户群体。由于工作性质的变化和数字业务对于最优秀人才的竞争，促使银行需要考虑如何吸引人才，以及思考全新的雇用模式。

　　监管对薪酬造成的下行压力以及银行对人才的竞争，这两股相反的力量，将导致银行内部的薪酬区间扩大，薪酬与业绩的挂钩更加紧密，并在业绩考核和激励机制中纳入风险调整指标。

"金融脱媒" 趋势和行业竞争

影子银行（shadow banking）以及"人人贷"（peer-to-peer lending）等其他形式金融中介的出现，也改变了银行业。传统银行业的结构和活动受到了严格监管，与此同时，新形式的金融业态正在不断成熟。影子银行等其他金融业态快速发展，原因是规避传统银行业方面的监管或限制。随着社交网络的发展，"人人贷"及众筹（crowdfunding）的出现，抢占了银行贷款业务的发展空间。无论如何，传统中介渠道外的新金融业态的发展将影响各地银行的竞争格局。

影子银行

影响银行业新竞争结构的一个重要因素与影子银行的发展有关，通常而言，影子银行通过非银行的方式将资金从储户流向借款人。所有其他这些融资方式与传统的银行中介活动在业务范围上有一定重叠。一方面，他们的发展是对银行无法满足的融资需求的回应；另一方面，如果新的银行监管要求维持下去甚至是加码，在两种金融活动之间将会产生"监管套利"，影子银行有动力从事传统金融活动。监管趋紧的例子是，新的巴塞尔协议Ⅲ框架通过设立机制，避免银行通过证券化从事更高风险权重和资本占用的活动，或是避免增加杠杆投资于非银金融机构以获得更高的资本回报。

影子银行通常被认为是金融危机的主要原因之一，或者至少是催化剂，因为其不透明和不受监管的性质。这引发了人们对传统银行业可能会受到潜在"污染"的担忧。由于这种担忧，2010年在首尔召开的20国集团（G20）领导人会议（该会议也为巴塞尔协议Ⅲ铺平了道路）中，要求金融稳定委员会（Financial Stability Board）就全球影子银行的监管提出方案。

影子银行指的是在银行监管之外发生的与信用中介、流动性和期限转换相关的活动。人们很难对影子银行进行界定，除非采用排除法。但普遍认为，它主要包括与金融机构资产端相关的证券化实体，货币市场基金（money market funds），对冲基金（hedge funds），证券借贷（securities lending），与银行的负债端有关的回购（repo）经纪交易商。

根据金融稳定委员会[29]的数据，在危机之前，所有地区的影子银行注册数量高速增长，但危机之后大部分地区已经放缓（中国是一个主要的例外情况）。具体而言，大多数地区的资产证券化市场遭到破坏，货币市场基金受到长期极低利率的影响，商业模式的风险较大。事实上，根据金融稳定委员会，如果将影子银行系统称为"其他形式的金融中介机构"，它在整体金融中介的份额在金融危机爆发后有所下降，近期保持在较为稳定的25%，在2007年曾达到27%的峰值。

然而，从金融稳定的角度上看，比影子银行规模更重要的是，影子银行和传统银行系统之间的相互关联，这有可能引发系统性风险。风险不仅来自于两个系统之间的"交叉"资产和负债头寸，也源于某一领域的共同风险敞口。影子银行的问题可能会传染给传统银行，因为它们在经济周期中受到同样的财务因素和敏感度的影响。事实上，它们可能会加速经济周期，甚至是加剧流动性问题。

根据金融稳定委员会的分析数据，在大多数国家，这种相互联系给影子银行带来的风险要比传统银行高得多。如图3-8所示，无论在资产端还是负债端，银行对于其他金融机构的依赖，不足银行总资产的20%。当我们从其他金融机构的角度进行分析时，数字是两倍多：与传统银行开展业务所形成的资产占据其总资产中更大的份额。

影子银行系统未来的增长潜力取决于官方对影子银行的监管力度。我们倾向于相信，只要影子银行被进行广义上的界定并且涵盖了众多活动范围，总有可能在较宽松的监管环境中寻找到漏洞，发展金融活动。

影子银行：中国的特殊案例

在中国，影子银行的发展与银行业监管程度之间的关联，比其他国家要明显。中国影子银行数量的快速增长，以及不透明，成为最近呼吁实施更严格监管和透明度的主要因素。

首先，中国的影子银行界定比其他国家都要困难。影子银行中的最大部分是信托公司，信托公司根据客户的投资目标（期限、工具等）使用客户的资金进行投资，并开发理财产品，以突破中国存款回报率方面的限制。银行存款回报的上限是央行设定基准利率的110%。在2013年底，存款的基准利率为3%，贷款的基准利率为6%。

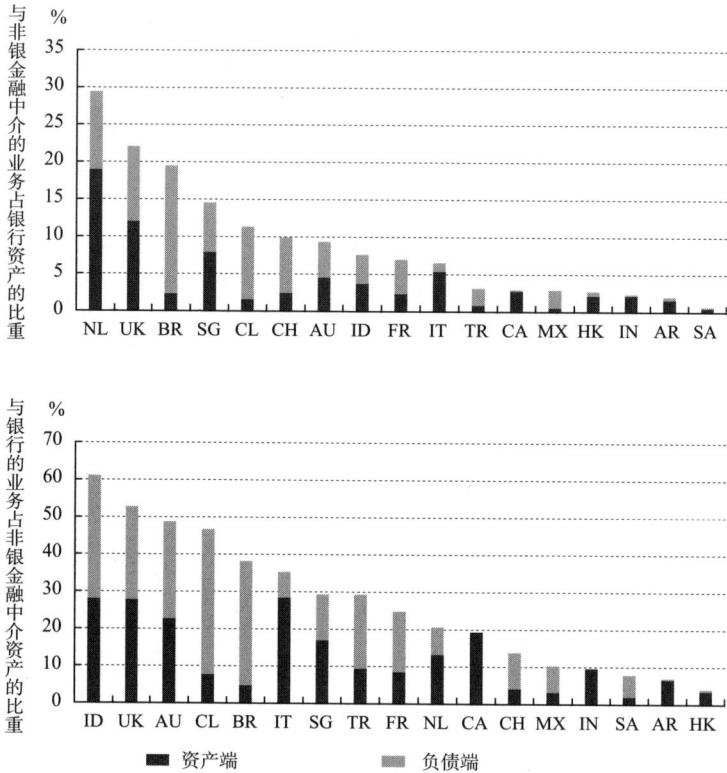

AR=阿根廷；AU=澳大利亚；BR=巴西；CA=加拿大；CH=瑞士；CL=智利；
FR=法国；HK=中国香港；ID=印度尼西亚；IN=印度；IT=意大利；MX=墨西哥；
NL=荷兰；SA=沙特阿拉伯；SG=新加坡；TR=土耳其；UK=英国

注：非银金融中介的银行负债数据不适用于阿根廷、加拿大、中国香港以及印度。

数据来源：Afi, Analistas Financieros Internacionales, S.A., based on FSB *Global Shadow Banking Monitoring Report* 2012。

图 3-8 非银金融中介中银行资产及负债的占比（2011 年底）

由于急于获得超额回报，中国投资者涌入一些财富管理工具（有点类似于货币市场基金，但比美国或欧洲的监管少）。据估计，管理的总资产规模约为15万亿元（2.5万亿美元），相当于中国GDP的30%。如此巨额的资金投入，中国影子银行体系背后的主要担忧是部分基金借款人的违约风险，以及中国政府最终进行担保的程度。虽然这种类型的风险并不同于许多国家中货币市场基金投资人所承担的风险，中国的问题是，许多投资人私下认为，政府或银行会在项目违约时提供支持。

公众对于政府对高风险投资提供隐性支持很有把握，这一点近期得到了确认，这个例子恐怕是中国金融体系中的最大失败之一。"诚至金开3号"信托产品的规模为30亿元（5亿美元），发行人中诚信托是中国最大的影子银行之一，中诚信托预计在信托产品到期日2014年1月31日申请破产，原因是提供抵押的山西振富能源集团有限公司在两年前已经陷入困境。但是，该信托产品并没有按预期那样违约，原因是第三方购买了相关投资，减少了原始投资者的损失。[30] 为了避免整个影子银行系统的混乱，政府进行隐性救助。此外，与避免影子银行系统性风险同等重要的是，需要认真考虑引入一些规则和损失分担机制的必要性，这样投资者就不会认为他们可以获得超额回报而不需承担额外风险。中国央行一直在努力对这些不受监管的公司采取"刹车"措施，或是至少进行管控。然而，这些控制或限制不太可能达到消除资金来源的目的，这是因为对于许多受到限制的私人企业甚至是地方政府，影子银行是唯一的资金来源渠道。

一个更加理性的措施是对影子银行爆发式增长的深层次原因采取行动——放松对银行的利率管制。这是中国监管当局可能采取的中期措施。

从短期来看，这一措施是难以实现的，因为这给大型银行带来了巨大压力，其利润主要依赖于目前的利率管制。存款利率的官方上限允许中国的银行享受廉价的资金来源，它们比其他国家的银行享有竞争优势。中国四大银行中的三家——中国工商银行、中国建设银行和中国农业银行，2012年的利息收入是花旗集团（Citigroup）和摩根大通（JPMorgan Chase）的两倍。

中国最大型银行的高盈利能力，使它们拥有了"弹药"，从而成为过去三年中实施政府经济刺激计划的主力军。对中国监管机构而言，这也带来很大的风险。他们最终的决策将影响全球最大及最有发展潜力市场的银行业前景。

如果存款利率上限被取消，大型银行将失去最大的竞争优势，在贷款损失急剧增加的情况下，面临资本不足的风险。如果为了保护大型国有银行而维持存款利率上限，影子银行高速发展的激励机制将依然存在。无论如何及何时解决这一难题，都是中国市场竞争活力的关键，也为全球银行开拓中国市场提供了机会。

中小企业（非银行）融资

国际金融危机爆发后，中小企业（SMEs）遭受了严重打击。传统上，其面临着融资难的困境，这在金融危机后雪上加霜。由于中小企业过度依赖银行融资，在受危机影响的银行被迫去杠杆的背景下，其面临资金短缺的困扰。这种情况在欧洲国家尤其令人担忧，因为中小企业对银行的依赖程度远比美国或英国严重。

欧洲当局采取了一些推动中小企业非银行融资的新举措，其中包括引入风险投资的新架构，也出台了一些便于中小企业进入资本市场的政策。措施还包括允许多边贸易平台的经营者在"中小企业增长市场"（SME growth market）的标签下注册。

然而，除了由欧洲当局推出的新金融形式之外，围绕适合中小企业的私人融资渠道也在快速发展。众筹（crowdfunding）是其中的一种重要方式，它受益于社交网络，社交网络更容易传播新商业理念。众筹的结果是，将那些想要借款的人与想要放款的人进行匹配，使银行"远离这场游戏"。

众筹的实质是通过互联网渠道募集资金，用于以特定目的或是项目。可通过捐赠的方式筹集资金，或是采用某种形式的回报，回报可以是固定的或与项目运营挂钩。根据上述范围，人们可以区分两种不同类型的众筹：非金融方式（基本上是捐赠和预售等方式）；以及金融方式众筹，即债务或股权融资。

众筹的兴起可以用纯经济理论来解释：由于网络搜索成本较低，出资人和项目开发者的匹配变得更有效率；沟通成本的降低，有利于远程出资人收集信息和监控项目进度，因此允许出资人参与商业构想的实现。

这一切使众筹成为一个有趣的概念，只要鼓励创新、提高认识度、建立"消费群体"，它在非金融领域有光明的前景。它代表着一种非银融资方式，因此对银行的融资地位构成了威胁。但也为银行提供了机遇，它孵化了银行贷款：银行更有可能将资金贷给已经通过众筹平台融资的成熟项目。

众筹已经吸引了多种商业模式，对其全面监管变得更加困难。事实上，众筹行为跨越了多类监管法规，包括市场基础结构、支付系统、电子商务等，这也为采用横向方式保护消费者提供了机遇。尽管未来对众筹的监管存在不确定性，但是新的在线平台、人人贷（P2P）和众筹平台，将在中小企业融资市场上占据一个虽小但是重要的份额。

结论：一个全新的竞争格局

全球银行业将在新竞争格局中面临巨大的变革。有人将这种变化单纯地归结为金融危机的原因，或是各国政府所采取的不同应对措施。事实上，这场变革背后的深层次原因是人口、社会、技术等方面的结构性趋势，金融危机只是加快了银行调整商业模式的步伐，以应对这些变化。

大多数发达国家呈现出较明显的银行业饱和情况，导致利差和净利润存在下行压力。与此同时，资本要求的提高以及从市场上筹资的难度加大，迫使大多数银行需要优化资本的使用，专注于那些能够获得更高资本回报的业务。这一趋势也得到了市场估值的认可，估值参数中不再认为规模本身就是竞争优势。

相反，银行的估值主要与盈利能力有关，也与银行的财务健康程度有关。这就产生了一个明显的悖论，银行的盈利能力高度依赖于寻找新的收入增长点，这应该通过增加贷款来实现，但是，只有那些能够向投资者提供充足投资回报的银行才有可能实现。

对于银行而言，新兴市场的发展机会比发达市场更多。然而，一些新兴市场展现出以下综合特征——快速的经济增长、激烈的竞争、过度的信贷扩张、较低的监管标准——这是容易催生银行业泡沫风险的环境。这就是为什么全球性银行应当有选择性地进行扩张，要么跟随现有的客户走出海外，要么所选择区域的人口结构可以发挥其国内竞争优势。银行业竞争环境也受到一系列技术发展的深刻影响，从消费者大量采用数字化和移动社交手段，到客户数据分析技术的快速发展。

技术发展对银行竞争的影响将被监管激励措施所放大，消费者更换银行服务变得更加便利，甚至是选择新设立的银行。这些新设立的银行并没有传统银行的历史包袱——在固定成本、客户不满意度以及丧失忠诚度方面——其可以很容易地用灵活的成本结构来复制基本的银行业务。

然而，银行有机会利用他们掌握的大量客户数据，来应对这一威胁，并结合来自社交媒体等其他渠道的个性化信息，为客户在交易时提供有价值的服务。

招聘和薪酬政策很大程度上受到外部监管以及银行新竞争格局的影响。监管标准的整体提升，退出高风险业务的压力，更加专注于自身的竞争力，这些因素会降低银行员工的薪酬，在过去30年中银行业的薪酬水平相对于其他经济部门要高得多。同时，将会有一场针对人才的新战争，追逐的人才集中在懂得如何从客户大数据中提炼价值，以及挖掘新技术潜力以获得更广泛的客户群体。

第四章
银行业正当性

　　在全球金融危机带来的大范围负面影响中，银行正当性的突然下降成为其中最持久和棘手的问题之一。银行虽然时常受到赞赏，但却从未被公众所喜爱，银行家更是如此。然而，一旦失去了公认的合法金融服务机构的地位，银行就无法正常经营。因此，一切问题的核心就在于银行以公众信任为基础。只有所作所为得到公众的充分信任，银行才能在现代经济中占有一席之地。

　　社会对银行在经济中所起的总体作用提出了诸多疑问，特别是对于在社会福祉所作贡献方面。正是由于银行起着连接资金提供者与资金需求者（主要用于消费和投资）的重要纽带作用，因此银行对于股东价值的关注常被抨击为不仅对其他利益相关者不公平，还会对经济发展造成潜在的危害。同时，银行还会因缺乏透明度和对客户的违规操作行为而备受指责。此外，当涉及信贷资源分配和普惠金融服务时，银行当前还常常被要求来推进社会进程，无论这些做法是否可以提升银行自身盈利能力，但都被要求增加社会价值。

当前，银行的合理性受到了三个不同层面的质疑。第一，公众、政府官员和监管机构对银行的信任程度正在下降。第二，银行家、交易员和其他银行雇员的薪酬水平和薪资制度不断受到批评。基于此，银行的整个公司治理模式也受到质疑。第三个问题与银行客户的忠诚度下降有关。以下，我们将对上述三点进行具体分析。

银行业信任危机

银行作为一类特殊的金融机构，其业务的开展以各方信任为基础。储户、投资者、借款人以及所有参与支付业务的个人和企业都需要银行服务。正如一位资深的银行家私下和我们所说的一样，"银行不同于其他任何类型的公司，因为它们从技术分析来看都是破产的，即使他们在正常运营的情况下也是如此"。之所以如此，是因为通常银行发放的贷款数量远远超过了其存款基础或自有资产。因此，为了充分发挥杠杆作用，银行的商业模式中需要尽可能地提升各方的信任度。

公众对于各家银行的信任程度差异巨大。部分银行因具有强大且稳健的资产负债表而享有盛誉，而另一些银行则相差甚远。然而不管这些差异如何，银行业危机实际是以一种更为普遍的方式来影响所有银行。事实上，自20世纪70年代以来，银行业危机变得非常普遍。最近的一次全球金融危机其根本还是一场银行业危机。尽管随后演变成了主权债务危机，但世界各地的商业银行受信任程度也比金融危机开始前下降不少。这场金融危机使得公众更加怀疑银行在实体经济中所起的作用，并开始质疑银行的商业模式。

调查显示，公众对银行及银行业的信任水平大约只有危机前的一半，对于西欧国家和美国更是如此。全球范围来看，不认同或者强烈不认同他们仍对银行业保有信任及信心的客户，是认同或者强烈认同的两倍之多。这种信任度的缺失在金融不稳定度更高的地区表现尤为显著（如，拉丁美洲、中东地区和非洲）。但有意思的是，尽管欧洲信用危机比美国更为严重，但对银行的信任程度美国比欧洲更低。[31]

对于投资者而言，银行面临的信任问题则更为显著。全球许多经营稳健、盈利能力优秀的银行，其股票价格仍低于账面净资产或仅略高于账面净资产。回顾2009年至2010年，大部分银行的股价都低于账面净资产。众所周知，只有当公司的盈利能力被认为能超过权益成本时，才会产生高于实际账面价值的溢价。然而，在许多情况下，问题的根本不在于盈利而在于风险。股票市场一直认为银行股本质上具有风险及波动性的特点，特别是那些大银行。未来，银行仍需要继续处理投资者信心缺乏这一问题。

银行明智的做法是牢记一些重要的原则，以解决日益恶化的信任问题：

- 信任度下降不能简单地被认定为是一个公众关系问题。当然，公众关系问题可能确实存在，但银行若要从根本上消除信任危机，还有一些更基本的东西需要修复，而非只是粉饰门面。

- 银行需要设计出一套全面的方法来重构信任体系。其一，聚焦于基本业务领域的风险管理模式转型上；其二，聚焦于制定实现利益相关方权益最大化及公司治理的综合方案上。

- 重构信任体系需要高管团队及相关管理委员会的重视，只有他们注重商业模式转型，才能使得外部各方（客户、投资者、相关外部机构和社会公众）更容易与银行和睦共处。

- 改变那些影响信任度的技术或我们所说的"硬要素"，例如产品、收费透明度、管理者的薪酬激励等，这都是潜在可行的短期修复手段；而包括公司文化在内的很多"软要素"则较难改变，往往需要多年时间才能逐步改革。

如要实现上述四点原则，则要求银行建立一套全新的公司治理体系，即更广泛地尊重不同利益相关方的权益，而非对其中某一方考虑优先对待。在不远的将来，未能有效解决这一问题的银行将会发现自己在吸收资金和吸引客户方面处于不利地位，而这恰恰是在新的监管要求提高银行资本门槛之时。

公司治理、利益相关方管理和社会责任

近年来，银行业金融机构公司治理的发展极具讽刺意味。在世界许多地方，银行曾因在制定战略决策时不考虑股东的利益而备受指责。而随着银行越来越依赖于市场融资来源，它们作出了相当大的努力以表明股东权益是放在首位的，而管理层则是他们忠实的代理人。欧洲、拉丁美洲和亚洲大部分地区的银行都采用了最优治理准则，并且以对股东更有利为出发点，不断改进和调整公司治理体系。许多银行在董事会都任命了独立董事，并定期公布公司治理的年度报告。对股东权益的重视在20世纪90年代末期和21世纪的头几年里如燎原之火般蔓延，不曾料到却在金融危机后遭受了重大打击。

这次金融危机揭露了银行中存在的多种公司治理问题。其中之一就是，对股东价值的鼓吹并没能够阻止股东遭受巨大损失。特别是当股东和公众得知那些银行管理层在财务业绩表现不佳或者发生持续亏损时仍能获得高额奖金时，批判声更是成倍增长。

事实证明，与高管薪酬问题一样具有煽动性的是，银行内部公司治理体系已经陈旧过时，与"利益相关者团体"（stakeholder society）①这种复杂现实情况发生脱节。正因为银行是整个经济中的核心机构，公众对银行的公司治理期望更高。然而，许多银行目前仍在努力适应社会对真正利益相关者的治理和责任制需求。

关于企业利益相关者管理的观点最早可以追溯到20世纪60年代，但是直到80年代才在美国引起重视。彼时专家学者们发现德国和日本的企业通过利益相关者管理的公司治理方法取得了持续且稳定的增长。自那之后，通过最大化利益相关者的联合利益可以创造更多价值的理念开始流行。而仅仅关注股东财富最大化往往会危及公司的业绩，因为他们会疏漏其他关键的利益相关者，比如可能会导致员工不努力工作，从而侵蚀企业创造卓越价值的基础。

利益相关者管理的最初方法是综合考虑员工、供应商、客户等参与方以加强价值创造，但批评者指出这其中关于价值的定义需要重新修订。"企业社会责任"的概念既包括对于公司应创造价值的定义，也包括财务业绩以外的其他考虑因素，譬如公司考虑要达到除了利润和股东回报以外目标的决策过程。

在绝大多数国家，银行通常是通过开展慈善事业这一最简单的方式来提升社会价值。企业慈善事业可以在社会上产生巨大的影响，而这其中，银行一直以来都处于重要地位，为许多慈善事业提供资金。然而金融危机的发生使得公众对金融机构，特别是银行变得更加苛刻。此时，银行单靠参与慈善事业已经不能满足公众对于透明度和社会活动的要求。

未来，银行可能需要重塑其公司治理和社会责任：

- 银行将需要在关键的利益相关者（包括股东、债券持有人、

---

① 译者注：管理学意义上的利益相关者（stakeholder）是指组织外部环境中，受组织决策和行动影响的任何相关者。

员工、客户和相关社会团体）之间建立起新平衡，以充分调动它们对银行财务业绩、经营稳健性和声誉的贡献。正如我们在前几章分析的那样，宏观人口趋势和新的监管环境很可能带来负债、权益和存款等的重要性改变。因此，银行需要开发一套反应更为灵活的公司治理体系，从而能够适应这种变化趋势。

• 银行需要改进其传统的慈善参与方式，从而将其转化为更全面的社会责任计划。社会责任投资、社区银行和其他类似的业务，为银行推行社会责任计划提供了新思路，借助于此，银行可以更好地增加社会价值，并建立起更好的社会声誉。

• 对于银行来说，社会责任也必须包括自身盈利能力、资产负债表稳健度以及危机应对能力。因此，在最困难的时候，银行仍然通过贷款发挥重要作用，这样才能有效吸引和集聚所有的利益相关者。

• 鉴于银行越来越依赖股东和债券持有人作为资金的重要来源，银行需要认识到通过制定更为连贯和全面的社会责任计划，可以提升其品牌声誉。这样的计划使银行在客户和员工面前更具竞争力：调查研究表明，在许多领域人们更喜欢和在增加社会价值方面有良好声誉的公司开展业务往来。

• 从客户的角度来看，银行在利用已有信息对客户群体进行细分时，必须是基于社会责任的观点。对于包括个人和小微企业在内的客户，当问及他们期望银行从社会价值的角度应该去做些什么时，也会得到截然不同的答案。有些人主要关心的是银行通过慈善捐款来帮助社区等，而其他人则希望银行运作更加透明，或者在整个银行组织内部进行社会责任统计。如果假设所有客户对于银行社会责任和公司治理的组织都持同样的观点，这将比单独强调股东价值导致的错误更大。银行需要仔细规划各方利益相关者的价值和期望。

• 如果银行希望能够比竞争对手更快地重塑声誉，其自身对公司管理透明度的诉求以及基于利益相关者的公司治理模式都需要超越新的监管要求。对于小银行来说，重视倾听社区的需求可能成为差异化的来源。而对那些声誉受损最大的银行来说，全面的公司治理变革将是不可或缺的。

对激励机制和薪资体系的批判

　　银行高管层、交易员和其他员工的薪酬体系，使全世界银行业所面临的信任度进一步下降。公众普遍认为，银行家滥用了这项工作所赋予的特权，即使是他们的银行面临倒闭或不得不接受纳税人的救助，他们仍然表现得像强盗一样。由于一个小部门的投资失误，甚至是个别流氓交易员的不当行为，而使得一些金融机构遭受了数十亿美元的亏损甚至破产，这一事实更使得公众认为银行在薪酬激励方面缺乏理智、常识和控制意识。政治家们也抓住了这些主题，让公众对金融机构大失所望，并要求了解为什么银行如此容易失败，以至于不得不接受政府纾困。

　　在美国，试图对包括银行在内的金融机构设置薪酬上限已经有很长的历史。在20世纪30年代，早期相关的立法提案并没有被采纳，在2008到2009年的大萧条之后也发生了类似的事情。最后，只有从不良资产救助计划（Troubled Assets Relief Program, TARP）获得救助资金的公司和银行，才最终设置了现金限额为50万美元的工资上限要求，而且对限制性股票期权形式存在的激励机制进行了限制，其对可以出售的时间进行了规定。

对高管薪酬最常见的监管对策之一是通过"股东薪酬建议权"条款（"say on pay" legislation）[①]，相关法案规定，所有上市公司的股东都应将薪酬标准付诸表决。自2002年起，多个国家已经通过了这一规则，具体包括澳大利亚、丹麦、德国、荷兰、瑞典、英国和美国（作为2010年《多德—弗兰克法案》的一部分）。然而，只有在丹麦、荷兰和瑞典会对补偿标准约束进行投票。另外一种方式是引入薪酬披露要求，这种做法已经在澳大利亚、法国、德国、瑞典、荷兰和英国得到推行。在美国，这一要求在19世纪30年代就已经记载于书籍当中。[32]然而，"股东薪酬建议权"法案和薪酬披露要求既没有限制高管薪酬的上限，也没有规定可以提供的补偿或激励类型。相反，这些条款旨在提高薪酬披露的透明度，反倒让高管们对薪酬限制而感到羞辱。这一现象在美国特别突出，因为强制披露薪酬制度已经执行多年。

鉴于公众对高管薪酬机制要么是持续感觉不安，要么是感到愤怒，同时考虑到新的监管规定有可能带来的进一步约束，银行或将采取如下明智之举：

• 重新审视对高管的薪酬补偿措施，以使其能够和新的法律法规、良好公司治理准则以及其他新出现的行业内非正式规范相适应。

• 批判性地重新审视现有薪资水平，从而将其设定在既能够保证足以吸引和留住所需要的人才，同时不至于导致公司财务负担的加重，此外也避免其成为内部和外部利益相关者不满的根源。

---

① 译者注：美国在《2010年华尔街改革和消费者保护法案》中增加了旨在规范全体上市公司高管薪酬的第951条，即"股东薪酬建议权"（Say-On-Pay）条款。

- 重新审视高管薪酬方案的构成，并对其进行调整，以避免管理层滥用特权，以牺牲银行长期健康、资产负债表稳定性和盈利能力为代价，获得短期收益。

与高管薪酬不同的一个问题，就是如何确定交易员及其他能作出投资决策的员工的激励和薪酬方案，因为他们可能会让银行损失数十亿美元，比如之前就发生过影响美国和欧洲几家金融机构的投资。"股东薪酬建议权"法案或其他的披露要求并不适用于此类员工，但这不能成为银行忽视此问题的借口。解决此问题的关键在于风险管理。银行应重新审视其交易员的薪酬水平。最重要的是，必须建立更通畅的沟通和更有效的监督机制，这样个人的"流氓行为"或未经授权的行为就不能使银行的财务状况或声誉受到损害。将过失行为归咎于员工个人行为，即使员工行为涉及犯罪，也绝不能借此免除高管和董事会的责任，因为他们有责任确保银行的内部程序符合现代金融机构必须具备的风险管理实践和保障措施。

更为普遍的情况是，政治人士和公众对银行薪酬及激励的要求不仅是遵守新的监管政策，而且还需要银行更系统性地调整薪酬体系以符合社会公众的期望和要求。银行不能简单地将民众对其薪酬行为的不满视作一个孤立的问题。因为这可能会以至少两种方式影响到银行的业务经营。我们已经分析了第一个问题，即薪酬和激励对风险管理系统及实践的影响。第二个问题与客户忠诚度有关，尤其是在当前这样一个背景下，如果大银行持续给人的印象是自身维持高薪比客户满意度更重要，那么规模较小的银行和非银行金融机构就可能借此机会赢得客户。下一部分，我们将讨论这个问题。

客户忠诚度下降

银行的正当性下降的第三个领域是客户忠诚度。银行向来把客户忠诚度以及对客户的忠诚铭记于他们的核心业务原则中。由于银行有能力交叉销售更多的产品，忠诚的客户往往使银行更有利可图。长久而牢固的关系也是相互信任的源泉。如果银行业是寡头垄断市场，也就是说，有少数几家大型银行主导该领域，那么银行失去客户将直接降低效率，这是因为争抢同业存量客户的成本可能会非常高。正因如此，银行往往想方设法提高或维护客户忠诚度——无论是对个人客户或是小微企业客户。

在多数银行业市场中，经历了几十年相对较高且稳定的客户忠诚度之后，客户流动性呈现出上升趋势。这一趋势正同时影响发达国家和新兴市场的银行。调查显示，在其中一些公司中，多达10%甚至20%的客户在认真考虑将其业务转移到另一家银行。[33]无须多言，没有哪家银行能在如此高的客户流动率下运作。但即使这一比率低至3%～5%，银行的效率比率（efficiency ratio）和声誉也将受到严重影响。

顾客选择离开一家银行有多种原因。大多数时候，他们转而选择另一家银行，是因为其提供更低的费用、更有吸引力的利率或者更好的服务。然而，真正的魔鬼在于细节。在某些类型的客户中，流失率会更高。例如年轻客户对特定银行的忠诚度以及对整个银行业的忠诚度都不高。这有三个原因。首先，他们倾向于购买比老客户更少的系列产品和服务，这就降低了其移动账户、贷款和支付账户向另一机构迁移带来的转换成本和麻烦程度。其次，年轻消费者对价格更为敏感，而且更有可能通过横向比较作出更佳的购买选择。最后，年轻客户更看重以新技术为基础的方式与银行互动，这加剧了购买流动性和比价选择。幸运的是，对于银行来说，通过互联网或移动银行应用程序获得新客户的成本是通过实体分支机构获客成本的一半，这有助于减轻年轻客户流失所带来的负面影响。

传统意义而言，银行一般通过以下手段寻求提高客户忠诚度：

• 提高转换成本。通过交叉销售来尽可能多地营销产品，同时提供低成本或免费的服务，从而使得跨行业务转换变得更加麻烦。（例如提供为支付账单自动记账的功能）

• 降低或取消那些同意某些附加条件的客户费用。譬如那些承诺维持最低余额、直接将工资存入账户、设置系列交易上限的客户。

• 向现有客户提供特殊优惠。

• 为同意购买某些产品或服务的客户提供礼物或其他奖励。如定期存款账户、养老金及保险产品。

虽然这些策略在过去很有效，但在未来其对银行的作用有可能大打折扣。客户，尤其是年轻客户，对减少他们的选择或将其绑定到特定服务提供商的安排越来越谨慎。在许多市场中，激烈的竞争正在压低银行的手续费和佣金。新技术正在迅速降低转换成本，并使得顾客可以货比三家。最重要的是，技术使从不同的银行或金融服务提供商购买产品和服务变得更为容易和方便，并以一种信息转移和支付无缝对接的方式整合所有的关系。如今，精明的客户可以从银行获得抵押贷款、航空公司的信用卡、金融服务公司的共同基金、经纪公司的人寿保险，以及来自消费金融公司的汽车贷款，他可以用手机支付所有的账单，也可以通过移动应用来转移资金。尽管这些产品或服务的背后都会存在一家银行，但以上业务无法要求它必须是选择同一家银行。因此，只与一家银行建立关系的传统价值主张正在逐步瓦解。

面对上述挑战，银行的应对方法是：

• **多品牌策略**。银行很少冒险为不同的产品、服务和细分市场创建或收购不同的品牌。其他公司，特别是那些非耐用消费品公司，则已经改进了通过不同品牌覆盖不同细分市场的经营策略，具体包括针对不同的地域、社会人口、价格区间和许多其他相关变量来打造不同的品牌产品。这一选择意味着传统的客户忠诚度概念被重新定义。因此，银行的品牌策略不再是鼓励客户让其所有的财务需求都忠诚于某一特定品牌。相反，银行的真正目标应该是确保客户的品牌偏好是在公司的一系列产品范围内选择即可。

• **战略联盟**。世界各地的银行都增加了与其他类型公司建立的战略联盟，以吸引更多的客户，并为他们提供更为丰富的产品品种。战略联盟对象的选择尤其适用于公用事业、航空公司和其他类似拥有庞大客户群体的公司。银行还必须利用大型非盈利组织来创造社交网络，具体包括志愿者协会、慈善机构、教会和大学等。

• **兼并收购**。银行收购的对象不一定是整个公司，而是可以通过收购部分资产或业务线而快速扩张金融服务提供范围。有借于此，部分银行迅速提升了他们在新消费金融领域的影响力，尤其是在汽车消费领域。在互联网上犯下一些重大失误后，在21世纪初的新经济繁荣期，银行开始回避购买互联网、虚拟类、移动类的公司、资产及业务。然而，银行必须克服这种思维惯性，并积极参与到科技行业的快速成长和转型中来，在这一点上银行必须向风险投资（Venture Capital）和私募股权投资（Private Equity）公司学习。

- 新技术。调查显示，在客户忠诚度方面，便利性是首选要素。此外，令人惊讶的是，移动银行客户的忠诚度反倒最高，尽管他们有更便捷的方式来选择不同银行。[34]

- 7×24小时银行的概念。对于银行来说，一个非常重要的策略就是把自己定位于为客户全天候（7×24小时）的生活需求及问题提供解决方案。银行可以基于与客户的关系并充分利用因此掌握的海量信息，从而成为电子商务生态系统中的关键参与者，关于这一点，我们在第五章中将着重分析。

小微企业客户的忠诚度更多是由客户关系价值所驱动，而非单纯依托个人关系。正因如此，其客户忠诚度并没有受到太多损伤。然而，新技术的出现对这种传统客户忠诚度的影响大小尚不得而知。小微企业往往具有更强的成本控制意识，因此通过技术手段频繁改变其与银行的业务模式可能会带来极大的损害，即使这其中不断增加对云计算和各种应用程序的运用。因此，我们建议银行：

- 紧密监测自身银行体系内的小微企业客户行为趋势，确保它们的忠诚度变化是在正常客户迁徙率范围之内。

- 研究新技术，特别是对移动应用的研发，可以增强银行与客户的关系，从而提升忠诚度。

- 在新兴市场，寻求新技术的方式可以帮助说服更多的个人和小微企业成为银行客户。

- 与个人客户不同，向小微企业客户提供一体化的单一品牌产品及服务，反倒可以因为减少选择空间而提升客户增加值贡献。

- 探索建立联盟和合资企业，从而使银行能够在新的环境中接触新客户并创造新体验。这可能意味着，在发达市场与消费品牌或数字化品牌合作，积极建立协同品牌效应；在新兴市场与零售商和电信公司建立联盟，以服务于现有银行基础设施覆盖范围之外的客户。

拓宽银行的经营范围

"7×24小时全时制银行"的理念不仅有可能产生额外的收入流量,而且还能提升银行的价值和声誉从而重构与客户的关系。许多客户对银行的印象是,一旦他们需要资金转移或贷款,银行的赚钱机会就来了。大多数人都会存在资金周转困难的情况。因此,银行可以将这种需求转化为一种新的业务机会,即预防和解决客户的财务困难。在这种模式下,银行将更积极地参与金融教育,在财务困难发生前就为客户提供更丰富的改进工具和咨询服务。有鉴于此,银行在客户心目中的形象改变为,一家通过提供分析及服务使客户更好地管理自身财务状况的公司,同时银行还能促进客户的自我学习和获取同行建议。

银行重获正当性的关键因素是成为客户的合作伙伴,从而在经济方面改善其生活。过去的一段时间,越来越多的公众认为银行是赚钱机器,无法满足客户的各种需求。就像苹果公司让电脑和智能手机变得有趣和容易使用,从而让客户喜欢上它们一样,银行也需要帮助人们把金融服务看作是一种提高生活品质的体验。银行需要转型成为金融服务解决方案的提供者。我们将在第五章中深入探讨技术如何帮助银行朝这个方向发展。

赢得正当性之战

那些当前未能解决其正当性问题的银行，会发现自己在21世纪更为激烈的金融服务行业竞争中处于劣势。客户、监管机构、投资者和公众所赋予银行的正当性和信任必须得到恢复，这样才能得以持续下去。如果不这样做，那么后果将是业务进一步向其他新兴银行和非银竞争对手的流失，同时导致更为严格的监管环境，并带来公共关系的进一步恶化。进一步考虑到当前所面临的其他艰巨挑战，诸如人口老龄化、千禧一代的质疑、非银行竞争、金融脱媒等，银行更是不能忽视正当性危机所带来的巨大影响。

第五章
数字化转型

数字化革命不仅对生活的方方面面产生了潜移默化的影响，而且很有可能最终导致银行业的大规模变革。未来的银行极有可能成为一家信息处理企业。远程通信和信息技术已经改变了银行与客户、银行与监管部门之间的关联方式。与此同时，商业银行正经历着内部业务重构，以及外部与金融机构和非金融企业的往来方式重构。大数据很有可能成为分析客户画像、评估风险的主要方式，从而使传统的基于关系营销的银行业务模式重要性降低。归根结底，商业银行的一大优势在于拥有极大规模的客户信息数据。正如埃森哲资深董事总经理、全球银行业务总监胡安·佩德罗·莫雷诺近期在《金融时报》发表的专栏文章所说：除了协助完成支付业务外，银行更应该将业务扩展至客户的商业生活领域，比如帮助客户在何时何地购买何物方面更好地作出决定。[35]

信息技术对基于关系营销和总-分机构设置的传统银行模式提出了挑战。在过去的半个世纪中，商业银行成功地将新技术运用于数据处理及存储领域，比如自动取款机（ATM）和商用计算机。事实上，上述技术的运用使得商业银行基于总分结构的机构设置和营销网络模式进一步加强，从而奠定了银行在金融服务业的核心地位。此外，这种模式下固定成本高企，从而银行需要通过规模扩张来发挥规模效应以降低成本。

一直以来，商业银行对于新技术一直持矛盾的态度。一方面，新技术有助于降低成本、提升后台运营效率，同时吸引偏好技术革新的用户。另一方面，新技术的引入又有可能打破现有银行间的竞争均衡格局。同时，新技术有可能降低行业进入壁垒，从而因为新银行的进入增多或非银行企业的金融脱媒而导致竞争加剧。以航空业为类比，20世纪90年代末期，互联网的引入给航空业带来了巨大变革，互联网提供了在线比价和购买功能，大大分流了传统的机票分销渠道。因此，充分利用数字化革命客观需要银行主动改进商业模式和自身文化。

移动互联带来的挑战

新技术的出现打破了众多传统行业的竞争格局，其中移动通信技术以及移动互联网的运用给银行业带来的影响最为深远。这主要有以下几点原因：一是无论在发达国家还是发展中国家，移动电话成为历史上第一个被几乎全部人口广泛应用的设备（见图5-1）。相比之下，有线电话、个人电脑和汽车的普及速度都没有如此之快。目前，全球使用的60亿部移动电话中有三分之一为智能手机，正是这20亿部智能手机使得移动互联网的使用已经超过了传统的固定互联网，因此移动互联技术蕴含着巨大的商机。在不远的将来，随着以智能手表和智能眼镜为代表的可穿戴计算设备的发展，移动信息处理技术可能会更具变革性。

部

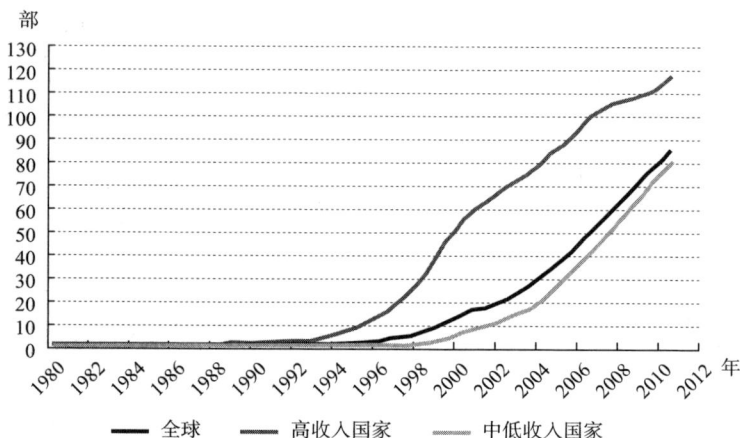

数据来源：World Development Indicators。

图 5-1　每百人手机拥有量

移动电话的第二个特点是价格便宜且使用方便。电信公司在相对合理的定价基础上，提供了大量的增值服务，从而使得移动电话成为了生活必需品。此外，移动电话作为私人设备，具有较低的公共使用率（贫困国家除外）。

同时，移动电话对于年轻人群的吸引力巨大，他们对于移动电话的依赖程度是以往任何消费产品无法比拟的。智能手机已经不简简单单是个人消费产品，而是成为个性化的象征——它不断传达持有者的所思所想。

最后，移动电话发挥着辅助设备和朋友的作用，从而有助于强化人际关系。特别是对于智能手机而言，它们起到虚拟社交联络的作用，其范围之广在多年前是无法想象的。传统的银行往往只能同时为一位客户提供服务。相比较而言，数字社交媒介则可以起到同类比较和多线程消费的功能。当社交网络具备购物和金融决策的搜索、排序及优先推荐功能后，其重要性已经变得越来越突出。

埃森哲的研究结果显示，银行偏好于优先发展它们可控的技术领域，譬如云计算和大数据。尽管认为移动技术相关设施建设也应该优先发展，但考虑到社交媒体等这些领域需要与客户有更多的交流互动，银行往往重视程度不够。[36]

全球各地区移动银行的遍及且使用程度差异较大。有意思的是，部分发展中国家却在移动银行应用领域保持领先。根据Aite Group的统计，在中国和印度，目前有超过三分之二的成年人在使用移动银行进行账户查询和资金转账。然而在美国和欧洲，该比例则低于40%。[37]又如在肯尼亚，移动支付的客户数量达到了银行客户量的10倍。截至2012年末，在非洲、亚洲和拉丁美洲的近30个国家中，移动银行相关的金融基础设施已经多于传统银行的基础设施。[38]显而易见的是，欠发达市场的用户认为移动革命在未来几年的重要性将越来越大，而欧美等国的用户却不认为移动技术将改变银行体系。相比较而言，在发展中国家，通过社交网络应用来搜索金融服务、访问账户、共享信息以及点评服务的客户数量是欧美国家的3倍以上。[39]研究表明，人们往往不会因为不懂操作而排斥移动银行的应用，用户拒绝使用的真正原因往往是觉得移动银行无用或者不信任，当然也有可能是所在银行不提供该项服务。

将来，移动支付和移动银行是否会颠覆传统银行的商业模式和销售渠道呢？当意识到未来的一个世纪中，最为重要的技术革命有可能出现，银行又将如何采取措施应对？对于银行而言，将信息技术革命视为影响金融服务诸多趋势的一个重要因素，这将是最为明智的一种做法。

- 在新兴经济体和发展中国家中，移动银行增速往往更快。而正是这些市场有望在接下来的十年中垄断金融服务的增长。

- 尽管年轻一代的消费者尚未成长为银行客户，但是他们已经成为移动电话的使用者。根据comScore公司的调查，美国有59%的移动银行用户年龄在35岁以下，这表明移动银行对年轻客群的获客和粘客能力非常有效。[40]

- 移动银行为非银行竞争者进入市场提供了可能，从而使得潜在竞争对手的所在领域不局限于金融服务业本身。特别是在许多市场中，电信类企业已经进入到移动支付领域，而该领域可视做未来向其他金融服务领域进军的重要"桥头堡"。

- 移动电话并不一定会使银行的物理网点消亡，但其确实值得引起商业银行对自身布局策略的重新思考。

银行客户的真实需求何在？

在看待移动革命时，银行最有可能持有的错误观点是，客户仅仅只是希望在已有的诸多营业渠道中增加一种新渠道而已。但实际上移动革命的作用远不止这些。2013年，First Data公司在十个发展中国家和发达国家开展的一项市场调查表明，客户并不仅仅将移动银行看作一种可以使用的交易工具，而是视为一种全新的体验，其有效提升了客户获得全新信息和最佳交易的可能性和便捷性。最为重要的是，客户非常看重这种无缝对接，即互联网和移动网络带来的虚拟服务与实体网点带来的实体服务之间的对接。市场调查同时发现，客户只有在忠诚行为得到银行奖励时，才表现出忠诚度。[41]

银行需要认识到，移动电话是一种极具个性化同时又极具社交属性的设备。客户希望银行在提供产品及服务时能考虑个人的具体情况，同时他们认为移动电话可以使包括银行在内的任何一家公司具备任何时间、任何地点满足客户所有需求的能力。然而，客户同样希望通过社交手段完成购买选择，其中最好是通过手机端来实现。因此，银行需要寻求一个发展准则，能较好地平衡全新技术平台的个性化和社交属性两大特点。

成功拥抱新技术的银行，往往会关注技术发展的全部潜力，从而从中获得可观收益。2013年盖洛普公司（Gallup）在美国的一项问卷调查显示，当银行利用数字化社交媒体与潜在客户互动时，将获得更高的营销成功率。当考虑选择一项全新的金融产品时，超过半数的客户将对其进行一定程度的调查研究，而且往往做调研的客户更有可能最终购买。但是，营销成功率因调研方式的不同而有较大差异。通过社交媒体来开展调研的客户，营销成功率将提升18个百分点，而相比较而言，通过银行网站、电话和实体网点进行调研的客户，对应的营销成功率仅分别提升9个、8个和6个百分点。除此之外，问卷调查还显示，与社交网络营销相比，纸质营销材料将提升营销成功率17个百分点。以上结果对银行也具有重要参考意义，基于客户纸质材料的偏好，其可以考虑在ATM上增设宣传册打印功能。[42]

银行客户更希望得到顾客间个人对个人（P2P）的沟通交流机会。目前越来越多的顾客在线上发表评论进行交流互动，特别是在中国、印度等国家，接近80%的线上客户在购买商品和服务前将会到社交网络上查询有关信息。因此，银行不能再忽视移动电话带来的这种社交属性。

移动银行：在新兴市场的崛起

移动数字媒体在新兴市场更具潜力主要是由于，在这些地区，基于物理网点的传统银行体系和支付设施远未达到欧美地区的发达和饱和水平。统计数据最能说明问题：在美国和西欧国家，分别有超过80%和90%的成年人在正规金融机构开立至少一个账户。相比较而言，在拉丁美洲该比例下降至15%～80%，而在非洲、中东、南亚的许多国家，这个数字将降至5%以下。在中国，三分之二的成年人开立有银行账户，而印度却只有三分之一。[43]

新兴经济体的银行业务有两个领域值得关注。一是，未来业务的增长将主要来自中产阶层扩容所派生的新客户。二是，科技将发挥越来越重要的作用。

从全球范围来看，中产阶层的惊人增速对于金融服务而言同样具有重要影响。中产阶层是商业银行最优质的客群。中产阶层消费者不但具有购买房产、汽车和家电的贷款需求，也偏好储蓄，同时还有资金调拨和购买保险产品的需求。在新兴市场，虽然中产阶层的增长有望带来巨大的业务机会，但这并不意味着商业银行将自动成为上述客群金融服务的提供者。在满足中产阶层的金融需求上，其他类别的金融中介也有可能提供更便捷和更合适的服务，这具体取决于当地的金融传统和监管要求。

中产阶层消费的另一重要特征是，其往往需要有较高的社会地位辨识度。中产阶层消费者往往会购买一些能彰显其社会地位的商品及服务。因此，这些消费往往不是由价格驱动，而是取决于商品的差异性。同理，金融机构在营销时，也要向中产阶层消费者宣导其服务的辨识度和地位感。

移动电话以及其他基于互联网的服务提供商受益于全球中产阶层的崛起，主要由于以下原因：

● 在发展中国家，传统银行机构的分支网络不够发达。

● 快速的城镇化进程以及分支网络的匮乏，意味着新兴市场国家的中产阶层消费者将更加重视金融服务便利程度。

● 在发展中国家，移动电话在金融服务领域的运用水平已经超出了发达国家。部分原因是，这些国家人口更加年轻化，因此接受新兴数字技术的意愿更强。

● 相较于发达国家，部分新兴市场国家的监管体系更为宽松（当然，另一部分新兴市场国家监管限制更为严格）。在部分发展中国家，由于宽松的监管环境，非银行企业可以轻而易举地涉足银行服务领域。同时，银行物理网点及设施的匮乏，促成了移动产品的快速发展。

显而易见的是，只有那些全面实施移动银行战略的商业银行，才能在新兴市场的金融服务发展中受益。同时，除商业银行外，其他市场参与者也将因此受益。

将年青一代转化为银行客户

在营销年青一代成为银行客户的时候，商业银行遇到的挑战越来越多。未来20年中，随着全球金融服务的增长，30岁以下客群的贡献度将有望达到50%以上。发展中国家的增长贡献将显著提升，但发达国家的贡献度仍然占据主要地位。在此过程中，商业银行将面临在与其他金融中介的竞争中最终失败的风险。

在发达市场国家，金融危机后的人们，特别是年青人对商业银行的信任程度大打折扣，这背后有诸多原因。年轻人对于现有金融机构的不满程度更为严重，他们更加激进地认为，有必要通过变革手段来解决经济、政治和社会挑战。

作为消费者，年轻人的区别体现在：

• 他们更加重视服务的灵活便利度，比如更青睐7×24小时可随时随地使用的银行服务。这也是为何移动银行解决方案如此深刻地影响了年轻客群。

- 他们已经习惯于免费使用基于互联网的内容与服务。这意味着，与普通消费者相比，他们会更难以接受金融机构的手续费及佣金。

- 他们更加重视自由选择权，因此对于特定服务提供商的忠诚度将更低。

- 他们更具品牌意识。

- 他们消费行为的驱动力更多来自于同伴认可以及对品牌形象的认知。

- 然而，在诸多市场中，年轻人仍然重视面对面沟通的机会。因为年轻顾客往往是第一次作出他们的重要财务决策，因此青睐人工建议也就不足为奇了。

新兴市场的年轻消费者群体展现出更为复杂的行为模式，这主要基于三重因素的叠加：他们新晋的中产阶层地位，对技术的精通以及年龄优势。在不远的将来，全球金融服务的绝大多数增长将围绕新兴市场的上述人群而展开。

商业银行必须考虑采取不同方式来应对以上挑战，一方面，确保未来其在新兴市场最主要金融中介的地位；另一方面，防止发达国家的年轻客群转投其他类别的金融中介机构。具体而言，银行为解决上述问题可能会采取如下措施：

- 维系与年轻客群的长期关系；

- 取消以会员费形式收取的手续费及佣金，以往这种收费项目往往与提供便捷性、差异化、安全性及咨询相关的服务相捆绑；

- 充分整合银行与客户交互的物理渠道与网络渠道。

移动银行在小微企业金融领域的运用

　　与个人客户相比，移动银行革命对于小微企业客户的影响将大为不同。首先，相较于个人客户，小微企业客户更能接受付费的移动银行服务。[44]其次，移动银行为小微企业提供了很多削减成本、提升自身客户价值的手段，特别是在移动支付和移动短期贷款领域。

　　研究表明，小微企业更加重视与银行保持紧密而互信的关系，相比较而言，个人客户与银行的关系更加偏向于价格驱动。正是由于具备构建关系网络的功能，移动银行在为小微企业提供银行服务方面大有潜力。

　　数字技术可扩大银行为小微企业客户提供的服务范围。鉴于此，银行可以为小微企业提供一体化的账务及管理解决方案、支付信息收集服务，甚至银行还可以提供电商平台服务，从而帮助小微企业获取新的市场及新的客户。

　　在新兴市场，移动银行在小微企业领域的发展前途将更加宽广。

目前，全球有大量中型、小型、微型企业缺少甚至完全没有得到应有的银行服务：拉丁美洲有2500万家，撒哈拉以南的非洲地区有3000万家，南美洲有4000万家，东亚地区有1.25亿家（其中大部分在中国、越南和菲律宾）。[45]正如个人客户的情况一样，由于当地缺乏银行物理分支网点，移动银行成为商业银行营销上述企业客户的最理想技术。

在发达市场，移动银行通过提供便捷、安全、灵活的服务，改变了以往以现金结算业务为主的小微企业对电子支付的看法。以Square公司为例，该公司已成功说服四百万商户接受其新型支付方式，而这些商家中之前有60%不曾接受信用卡或借记卡的支付方式。以上案例也说明，新技术可以帮助金融服务拓宽边界，从而覆盖更多新的客群。

新晋竞争者的威胁

与以往相比，目前银行业的经营更容易被渗透，潜在竞争者进入行业的难度不断下降。新金融和新技术已经在深刻改变银行业的版图。非银行竞争者已经快速渗透进入到银行业版图中，其渗透速度之快使得那些基础牢固的大型银行都采取了防御策略：

- 支付体系。贝宝（Paypal）、Dwolla、iBeacon、iZettle及一系列相似的支付公司快速成长，其影响席卷了整个银行业。除此之外，谷歌、沃尔玛、星巴克等公司也依托自身的巨大财力，快速进入支付领域。

- 电子交易市场。互联网金融资产交易平台为小微企业向投资者折价出售应收账单提供了平台，该领域近年来增长迅速。

- 诸如亚马逊、Kabbage[①]、阿里巴巴等大型供应商在为小微企

① 译者注：Kabbage 是一家为网店店主提供营运资金贷款服务的公司，总部位于美国亚特兰大，于 2010 年 4 月上线。

业提供整体服务时，也将信用支持纳入其中。

- P2P网贷平台。该类机构为消费者、小微型企业之间的P2P贷款提供了中介撮合平台。

- 店面运营商。该类机构的典型做法是借助虚拟企业在手机端提供商业银行的全部服务，并且通过与传统银行签订协议来办理联邦存款保险公司（FDIC）保险的存款业务。

- 移动电信公司。具体包括肯尼亚移动通信运营商Safaricom推出的移动银行业务M-PESA，以及美国通信运营商T-Mobile推出的信用卡兼手机软件Mobile Money。

- 助金融脱媒机构。以Square和Moven公司为例，他们提供介于客户和银行工具间的用户管理服务，从而有效提升用户体验。

- 比特币及其他数字货币。这类数字货币在传统银行与支付体系外，创造了新的价值存储交换形式。

一些观察家认为：由于缺乏相应的监管，上述非银行竞争者已经在竞争中占据上风；一旦这些非银行机构面临与传统银行相同的监管法则，则它们的竞争优势将不复存在。上述观点存在逻辑缺陷主要有两个根本原因：第一，英国等国家的银行业监管机构已经开始对电子交易市场等进行监督管理；第二，监管可能实际上将促进非银行机构加速成长，因为这有助于明确上述机构的正当性并获得客户信任。

渐进式创新还是激进式创新？

　　许多银行对新的技术突破作出了反应，主要体现在增加产品特色、可选性及业务渠道方面。这些银行通常的做法是，平行于已有的业务线，设立单独的部门或业务单元来运行新的业务系统。比如，许多银行在继续经营实体分支机构的同时，并行运行基于互联网的虚拟经营机构。在某些情况下，银行客户甚至需要拨打不同的客服电话来分别咨询实体业务和虚拟交易。

　　研究表明，通过零敲碎打的方式在大众市场提供移动银行业务，通常是一个错误的做法。[46]在数字世界不断创新的过程中，银行可能将遇到以下问题：

　　● 新的业务渠道有可能将增加交易量，但不一定会给银行带来收入和利润。

　　● 在不同的业务渠道下，客户可能会面对不同的服务价格和服务质量，这对客户的满意度和忠诚度都有负面影响。

● 如果部分产品和服务仅限定于特定渠道，银行可能将失去交叉销售的机会。

● 如果在不同业务渠道下，客户体验差异较大，则银行的声誉及品牌形象都有可能受到负面影响。

● 当客户在体验直接渠道过程中，他们的用户行为更加倾向于交易性目的，而客户黏性却在下降。移动金融服务提供商需要在直接业务渠道中提供更为丰富的用户体验，以维系良好的客户关系。

对于商业银行而言，明智的做法是认真考虑如何部署和使用新技术，特别是对于移动银行的使用方面。银行需要作出两个重要的决定：其一，创新方式方面，需要权衡渐进式创新和激进式创新的优点；其二，目标客群选择方面，要明确是面向全体大众市场还是选择特定的细分客群。我们认为，对于移动银行业务，一家银行无论在渐进式式创新和激进式创新、大众市场和特定客群的交叉组合中作出何种选择，都具有合理性。

目标客群	创新类型	
	渐进式创新	激进式创新
大众客户	● 基于语音的客户服务 APP ● 移动支付体系 ● 金融知识普及 APP	● 全面整合物理渠道与网络虚拟渠道，构建以客户为中心的一体化营销系统
细分客户	● 针对特定客群的 APP，比如商户、按揭贷款用户、信用卡用户、保单持有人等	● 为纯线上客户整合手机银行 APP ● 为高净值个人客户整合手机银行 APP ● 为小微企业客户整合手机银行 APP

图 5-2　不同类别的移动银行创新案例

图5-2展示了一些相关案例。商业银行面向大众客户开展的渐进式创新主要包括：基于语音的客户服务APP、移动支付系统以及金融

知识普及APP。我们会强调，有必要限制那些激励客户增加交易却不能为银行创造收入和利润的行为。与此同时，银行应当警惕，不能由于渐进式创新业务与既有传统渠道间缺乏协作从而导致失去交叉营销的机会。

银行亦有可能针对特定客群采取渐进式的移动创新手段，比如商户、按揭贷款用户、信用卡用户、保单持有人等。但这么做存在的危险是，通过对客群进行细分割裂了银行的客户基础，从而导致交叉营销机会的丧失。当然，这么做带来的表面优势是，量身定做的APP有助于满足特定客群的特殊需求。整体而言，我们还是建议银行谨慎采取该类策略。

由于新兴经济体的重要性日益提升，而这些国家银行业分支机构欠发达，考虑到千禧一代的特点，我们相信包含激进式创新的移动银行将孕育巨大机会。我们所谓的激进式创新是指银行所采取的一系列举措来改变其面向客户的传统商业模式。对于面向特定客群的激进式创新，银行会考虑针对诸如高净值客户、小微企业客户等整合移动银行APP。我们会谨慎地对银行客户进行简单划分，譬如仅划分为纯线上客户和传统客户。更为合理的做法是，银行对客户进行数据挖掘从而进行行为模式归类。对于面向大众客户的激进式创新，一种选择是全面整合物理渠道与网络虚拟渠道，构建以客户为中心的一体化营销系统。接下来，我们将解释这种方法的先决条件及所涉内涵。

重塑银行分支机构

对于很多大型商业银行而言，物理分支机构一般耗费了50%以上的成本支出。随着越来越多的客户使用移动银行渠道，银行有必要重新审视他们的成本结构。然而，物理分支结构的重要性毋庸置疑，因为其有助于打造品牌吸引力，从而培育和支持最为重要的营销关系。这其中的一个关键原则是，重新聚焦分支机构的经营模式——由传统的人工交易模式向关系维护型银行模式和咨询服务提供者模式转变（往往盈利性更好）。

运用移动银行的激进式创新必然需要采取新的手段来与客户建立联系并开展业务。当前，一家银行在市场上最为重要的展现形式无非是物理分支网点。在过去的几十年中，分支网点布局在银行整体战略和组织构架中占据了重要地位。银行分支机构的重要地位来自：

• 分支网点是银行的重要枢纽，在此客户可以接触到银行的所有服务内容。

- 分支网点对于现有客户可以发挥磁铁般作用，当现有客户造访银行网点时，它们将提供更多附加服务。

- 分支网点提升了进入门槛。既有银行分支网点的广泛布局，提高了新进入者在市场立足的难度。

- 分支网点是银行组织架构中最为基础的机构单元，因为大量的部门、岗位和任务都是在各分支网点间进行分配，同时许多衡量利润的考核指标也会分解至分支网点这一层级。

为了成功地引入新的移动技术，银行需要做的大量工作包括重新考虑及重新构造已有的分支机构网络。然而，银行在尝试重构物理网点以适应移动银行的过程中，可能会犯两方面的错误。其一，银行可能会认为新技术的出现将使得物理分支机构被最终取代；其二，银行可能认为，在移动技术革命之后，无须对现有分支机构战略进行改进。银行物理网点已经被广泛接受从而无法取代，但是这些网点未来必须在地点、形式及功能上体现出差异性：

- **旗舰型网点。**效仿苹果商店模式的银行网点，有助于提升宣传力度、吸引新顾客，从而扩大品牌知名度。此类网点尽管成本较高，但它们在为市场提供新服务时将发挥关键作用。旗舰型网点专注于提高客户忠诚度并增加产品营销，但并不关注低附加值的交易类业务。

- **社区及工作场所的全功能型网点。**此类网点最类似于传统银行网点。但是，该类网点需要更加开放、更具参与性且更富吸引力，特别是从年轻客群的角度出发。这类网点必须与移动和网络渠道进行深度整合，使客户可以不到网点就开展交易型业务，从而减少甚至消除等待时间。全功能型网点有助于产品营销，同时也能增加交易类业务。此外，社区内的网点应该继续保留小微企业的服务区域，在此小微企业客户可以与银行充分沟通并得到经营所需的全方位金融服务。

- **人流密集区的服务亭。**这类服务机构可以配备一到两名银行员工，从而可以协助客户快速执行交易类业务。同时，服务人员可以帮助客户解答专业问题。服务亭的作用是专注于提供交易类业务而非产品营销。

- 智能ATM。传统的ATM技术问世已经有四十年历史。智能ATM可以接受并识别钞票或硬币组成的现金、支票、邮票、运输标签、预付卡、预付券、登机牌等。银行配置ATM的初衷并非是借此向客户收取服务费用，而是为了帮助客户减少前往网点办理业务的路途时间。此外，ATM提供新产品宣传册打印功能也很重要，因为这种宣传方式提高了营销成功率。[47]智能ATM的功能定位于提供交易类业务和服务便利性。

- 等候区的触屏墙设备。该类设备不是用于交易型业务，而是为了帮助客户了解金融服务、金融产品以及更为广泛的金融知识等相关主题。交互式的工作区以及咨询辅助技术提供了一个银行人员与客户协同工作的空间，从而可以有效获取客户数据和需求。

在此，有必要强调的一点是，上述各类银行分支机构需要进行合理整合，以构建品牌一致性并确保客户可以在各类渠道间无缝切换。

行之有效的移动银行战略

　　商业银行有必要考虑不同发展阶段下的移动银行战略。[48]随着开展移动银行业务的经验不断丰富，银行可以将更多更复杂的业务及功能融入其中。对发达国家和新兴经济体银行业的案例研究表明，商业银行需要设计一种可靠的策略，以说服大量客户来使用移动银行。否则，投资回报率将大打折扣。在实行移动银行战略过程中，可以划分为以下四个阶段：

　　• 信息查询阶段。许多银行在实行移动银行战略之初，主要是借助该渠道向存量客户传递信息，比如关于个人资产负债表、交易记录、短信提醒、ATM位置查询、贷记卡和借记卡欺诈检测等信息。

　　• 交易业务阶段。移动银行的第二个发展阶段主要聚焦于交易类业务，比如提供异地存款信息收集、贷记卡余额转账、账单支付、股票交易以及P2P支付等功能。

　　• 交互业务阶段。发展到第三阶段，银行才开始充分利用移动通信的创新特征。该阶段，移动银行功能逐步扩展至可操作通知、个人财务管理、大众营销和交易验证等。

- 业务协调阶段。成熟的移动银行模式将提供基于特定位置和特定情景的报价信息及消息提示、生活方式管理、跨渠道流程管理以及偏好选择等功能。目前，诸如澳大利亚联邦银行（CBA）、韩亚银行（Hana Bank）、mBank和土耳其担保银行（Garanti Bank)等银行，在移动银行的业务协调方面已取得很大进展。

经验表明，为了提高移动银行使用效率，相关收费必须降至最低，且客户教育是关键，同时有必要使用具有吸引力的奖励措施，同时尽可能地减少类似垃圾邮件这样的客户联系方式。移动电话作为一种具有私密性的私人设备，银行在开展特定情境的交叉销售和提供一般报价时需要保持谨慎。[49]此外，客户把移动电话视为一种自由化的设备，这意味着银行应该让客户绑定他们想要使用的产品和服务。这种动态绑定的功能可以成为有效的交叉销售工具，既能面向现有客户，也能吸引新客户。[50]当前移动银行的最大挑战在于，如何将提供服务便利性与确保安全和隐私性相结合。[51]

与现有的大部分银行和客户交互的模式不同，移动银行模式提供了一种与众不同的全新模式。在2016年银行业报告中，埃森哲建议未来的银行应该是：

- **多业务渠道**：具有整合式及动态的体系结构
- **智能化**：包括基于实时、需求导向的产品服务
- **社交属性**：聚焦以社会关系为基础的银行业务
- **泛金融服务**：提供如生活超市的服务
- **无处不在**：各业务领域都积极拥抱移动技术

越来越多的银行正以新颖的、创造性的方式将上述特征融合在一起。银行面临的挑战是，在为个人客户和小微企业客户提供如此复杂而又新颖的金融服务的同时，如何实现盈利。银行在使用移动技术时

要实现为客户增加价值，同时也要实现自身盈利，而且这种盈利不能通过直接佣金的形式来实现。从另一个层次而言，银行吸收和运用新技术，它们将获得两方面好处：

- 客户忠诚度提升。银行获取新客户的成本不断提升，特别是从竞争对手处挖角存量客户。正因如此，银行承受不起由于缺乏对新技术的关注，从而导致的存量客户或潜在客户的流失。这种情况对于年轻客群而言更加突出。

- 通过产品和服务的捆绑销售派生额外收入。银行应该通过移动银行实现对金融服务与移动电商的对接和绑定，从而获取利润。进攻才是最好的防守，商业银行应采取积极主动的态度实现对其他行业的扩张，在此过程中，银行应将自身定位转化为服务中心或生活超市，在提供金融产品的同时，赋予客户获得休闲、娱乐、购物和其他服务的可能。这一策略在销售汽车、电器、家具等耐用消费品时尤其有效，因为消费者在作出购买决定前需要获得充分的相关信息，同时后续可能相应派生出信贷需求。

埃森哲的研究表明，只要内部流程合理整合，移动技术就有可能扭转当前银行声誉下降的不利局面，同时有助于提升客户体验，并实现业务盈利。当然，如果不进行流程整合，移动银行业务的上述前景将不太可能实现，同时新技术的投资回报水平可能会很低甚至出现负值。[52]

毫无疑问，大多数行业中，移动技术已经在公司总体战略中起到愈发重要的作用。在银行业中，激进的创新方式必然意味着要重新思考大多数人与传统金融机构的合作方式。人口结构、监管模式以及经济趋势都在给银行业施加压力，要求银行更富创新性。而移动银行业务如果顺利开展，则有望使银行成功适应上述变化。

跳出移动银行业务：银行的信息化企业之路

移动通信和信息技术为银行提供了新的可能，使其大大拓宽了营销渠道和与客户的关系。也因如此，银行有机会跳出资金和风险管理者的定位局限。未来银行有望成为数字经济和电子商务的信息中心。因为在个人客户和小微企业客户方面，银行拥有比其他任何类型企业都要多的信息资源，这些信息具体包括客户的收入、储蓄、开支以及投资风格等内容。向信息企业转型，将为银行创造新的机遇：

• 传统银行主要是提供一揽子金融服务，未来银行有望利用其在电子商务生态系统中的中心地位，一方面，促成支付并提供信用，另一方面，可以在整合其他企业产品及服务的基础上，出售信息资源和促成交易。多方面来看，这将使银行转型为类似于亚马逊或阿里巴巴的线上中介，进而拥有金融中介和信息经纪人的双重能力。

• 坐拥电子商务生态系统的中心位置，这种独一无二的优势使得银行可以为交易双方（销售商及买家）同时提供信贷及其他金融产品。

- 银行还可以提供其他金融和电子商务的基础设施服务，比如提供B端或者C端客户的评级服务，并且可以通过特殊的报价和交易来掌握市场的供需关系。

- 最后，专注于电子商务的银行将能更好地为客户提供端对端的解决方案，这是一直以来银行所期望做到的。譬如，银行可以创立电子商务平台从而帮助买家更好地作出购买选择，诸如购买哪款手机，哪里可以得到最优惠的购买价格，选择何种贷款，购买何种保险产品，是否选择加入商品零部件维修计划等。

需要注意的是，银行不需要一开始就发展涵盖众多商品和服务的大型电商平台。正如上述关于汽车销售的例子，银行可以在这些特定的领域推出专门的电子商务平台，只要在这些领域银行觉得自己有足够的知识和能力来经营。当然，银行也可以锁定那些他们希望发展的领域。话虽如此，银行还是应当仔细研究这其中存在网络效应和动态转折点，以确定创建哪种电商生态系统。在选择向信息化企业转型的方式时，整体指导原则应该是：

- 该策略是否有利于增强客户满意度并提升客户粘性？

- 银行现有的金融业务与拟建立的电子商务平台业务之间是否存在协同效应？

- 银行是否拥有其他公司无法接触到的客户专有信息，从而成为其可持续竞争优势的来源？

银行业务的数字转型推进速度非常迅速。至少，银行必须改变它们与客户的沟通联系方式，尤其是考虑到移动革命和年轻一代对技术中介交互方式的渴望。在新兴市场，技术领先银行的发展速度可能比其他银行更为迅速。此外，数字化通讯技术和信息革命为银行创造了新的机会，从而使其有望成为电子商务生态系统中心的关键参与者。

第六章
经营新环境

从竞争环境看，银行业正面临着前所未有的变化。商业银行必须完全适应自身的商业模式以便于在更为严苛的环境中生存，因为行业的失败者和退出者将不会像以前那样能够幸免于难。近八十年来最严重的金融危机将对银行业的竞争结构产生极其深远的影响，一方面影响了客户信任程度（愤怒、沮丧、忠诚度下降），另一方面影响了银行监管机构的行为（监管要求、会计标准等）。但是正如我们在之前章节所讨论的那样，将金融危机及其后续反应视作影响银行业未来的唯一因素，这是不明智的看法。

宏观趋势：经济、人口、社会学的角度

银行在消化金融危机带来的不利影响的同时，也需要积极应对人口、经济和技术方面的一系列长期结构性变化。上述两方力量的组合对银行业产生了颠覆性的影响，因而银行更需要谨慎应对。对于很多银行而言，其商业模式需要从考虑获客、粘客、增收、风控，以及增长战略的角度出发进行及时调整。

一些错误的观点认为，人口结构变化（特别是老龄化进程）仅仅只是改变了银行与客户的关系，以及客户对产品的需求结构。实际上，上述变化同时也会对多方面的银行业务产生深远影响，譬如资产负债结构、资产负债表稳健程度、增长战略、渠道分布组合以及人员技能要求等，因为客户的借贷模式将发生变化。同样值得注意的是，人口老龄化并非仅发生在富裕国家，部分大型发展中国家也同样面临此问题。

新兴经济体增长带来的正是上述第二种结构性趋势，这将从根本上重塑增长机遇。中产阶层消费的重心正由欧美地区向发展中国家转移——预计到2035年，三分之二的全球市场将聚集于金砖四国，这将创造大量的金融服务机会，因为这其中蕴含的价值30万亿美元的中产阶层消费额。然而，外资银行进入上述市场的难度较大，即使是通过收购的方式。最后，在发展中国家快速增长的背景下，商业银行将要在资源跨市场配置方面作出艰难权衡，这既包括资产负债表地区分布也包括管理层的关注重点。银行发现自己正身处于岔路口，而正是在这个时候，全球金融危机的发生也使得它们的自身实力和安全边际大幅减少。

从中产阶层品牌定位和忠诚度价值出发，来审视其行为，这同样至关重要。这里的核心思想是，在为大量发展中国家的中产阶层提供差异化的服务时，设定差异化的最低规模要求。这实际是一种优质服务战略，在可接受的价格区间内向优质客户提供专属服务。

最后但并非不重要的是，银行业经营环境将因新兴移动互联技术的深刻影响而转变。在刚过去的半个世纪中，银行进行了大量的技术方面投资，一是提升后台运营效率；二是把握不同市场的套利机会；三是满足客户的各类需求和需要。

然而，当前新的经营环境似乎是在暗中侵蚀银行的传统商业模式，各家银行必须考虑新技术带来的潜在颠覆因素。首先，最具革命性的潜在颠覆因素便是P2P平台的广泛运用，其为个人和小微企业提供了借贷业务联系，抑或是在没有任何金融直接参与的情况下促成其他种类的金融服务。其次，新兴技术创造的另一潜在颠覆因素是，其为电信运营商、大型零售企业等非银行竞争者创造了推出各类金融产品及服务的机会。再次，另一种颠覆性的因素可能是银行重塑自身，并在新型金融服务业中占据中心地位，而这个新兴行业的最大特点是虚拟和实体服务为客户提供了各类体验的无缝对接。

以上场景彼此间可相互共存。事实上，银行业的未来并不只是由科技这个单一因素所决定，但科技与人口、经济以及金融趋势的叠加将给银行带来巨大的挑战。这是因为银行的商业模式和公司战略至少已经部分过时，这一定程度源于全球金融危机带来的监管变化和新竞争格局。

监管趋势

当前的趋势和转型似乎还未到位，银行应该预计到有监管改革的推进，它们的经营腾挪空间可能比前几十年受到的限制更大。过于宽松的监管被广泛认为是这场近一个世纪以来最严重银行危机的原因。政府当局已对现有的银行业监管规定进行了彻底改进。新的监管环境试图消除导致银行过度风险承担的不当激励，同时也在试图消除银行业依托政府兜底带来的利润和亏损的不对等性。

从银行自身角度来看，虽然监管作为限制规则，其降低了管理的自由度，但监管本身不应被视为一种阻碍。相反，这很可能会给银行创造差异化经营和重构声誉的机会。最后，严格的监管环境有助于优质银行从诸多同业中脱颖而出。

根据新的监管计划，银行将被要求持有数量更多且质量更高的资本。金融危机已经证明，2008年以前所要求的资本监管水平明显不够覆盖极端情况的损失。资本基础更为扎实的银行理所被市场和投资者认为比过去风险水平更低，因此相应的风险溢价以及净资产收益率也就更低，至少从新常的稳态分析方法来看确实如此。然而在过渡时期，一方面监管要求银行增加资本，另一方面市场还需要一段时间才能达到低风险环境，因此这为那些管理水平更优的银行提供了比其他同业更快更好重构资本基础的机会。正因如此，监管从严为优质、灵活的银行创造了遥遥领先竞争对手的机遇。

监管机构对大型、复杂的银行提出了更高的附加资本要求，以应对他们所面对的额外系统性风险。这一措施试图抵消大银行由于"大到不能倒"所带来的低成本融资优势。更为重要的是，在很多国家大型复杂银行将被强制要求把商业银行业务（受政府担保保护）与其他投资端的高风险银行业务相隔离。这种结构改革旨在保护银行的核心业务，同时避免核心业务对非核心业务的隐性支持和补偿。

消费者保护问题将成为新监管框架的核心，这也是对公众认为银行在金融危机期间滥用职权的一种回应，因为公众普遍认为此前银行存在误导销售金融产品、指数和价格操纵、结算业务过度收费的行为。同时，以上做法也是出于安全和隐私保护的考虑（上述问题随着移动银行和网上银行的增长而日益加剧），从而有助于营造一个对消费者更加友好的监管环境。这一趋势为银行提供了明显机遇，使它们能够在新监管规定落地前加速行动，并使自己从竞争对手中脱颖而出。

世界诸多市场正考虑对银行和其他金融企业征收新的税收，以偿付它们对社会和公共财政所带来的负外部性。然而，税收机制上的调整必须在国际范围内协调推进，因为银行和金融业务为了追求税收优惠很容易进行跨国流动。特别是对于那些拥有出色内部管理系统的跨国银行而言，它们更容易利用不同区域的税收政策进行套利。

竞争态势

监管和税收的调整将对银行业内部竞争结构产生重要影响，当然，金融危机和公司并购也在不断改变竞争格局。

发达经济体银行业的过度饱和与大多数新兴地区和发展中国家银行业的快速增长潜力形成鲜明对比。对于采取全球策略的大型银行而言，银行业的这种非对称发展既蕴含了挑战也包含了机遇。移动银行业务的巨大增长前景，加之其能够帮助客户在不造访物理网点的前提下即实现银行服务的转换，这给全球性银行提供了规模经济和信息共享的空间。

金融危机后，政府介入银行体系，实际对其余的银行带来了重要机遇和挑战。短期来看，政府的介入可能对银行业构成了退出壁垒，其使得运行低效的银行得以生存，同时由此产生不当竞争，从而影响到银行业的盈利能力。然而从长期来看，无论是对困难银行实施救助还是任其倒闭，最终银行业的竞争秩序都会重归正常，那些有突出财务实力并且拥有突出客户服务水平的银行终将获得更好的发展机遇。

对于那些资本充足水平更高的银行，市场往往赋予更高的估值。然而银行却往往抱怨监管对于高资本充足水平的高要求。资产规模本身并不是市场高估值的原因，因为其不一定能带来竞争优势，一些银行甚至应当主动关停部分竞争力较弱的业务，在实际业务经营过程中，许多欧美银行也确实这么做了。事实上，重构盈利能力的压力将使各家银行更加专注于最擅长的业务和最具竞争优势的业务。实际在每条业务线上，都有足够的空间来实现规模经济，或者是通过成本节约实现，抑或是通过信息管理和以客户为中心来实现。

信息技术的进步，使借款人"硬信息"（可计量、可识别）的获得成为可能，这将削弱银行所积累的"软信息"优势——这往往是银行多年来通过客户关系的培育所获得的。因此，银行客户的重要性变得更具争议性，而硬信息的扩展将使银行业务变得更富有弹性。

银行业的薪酬及招聘政策将受到外部监管压力和行业内部竞争力的双重制约。在过去的三十多年里，银行高管层的薪酬水平明显高于其他行业。但整体监管要求的提升、高风险业务的退出压力以及对自身特定领域竞争力的专注，这三者使得银行高管层的高额薪酬不断压降。与此同时，在行业进入和退出壁垒均不断降低的背景下，银行业也面临更为激烈的人才争夺战，这些抢手的人才和技术主要集中于利用客户大数据来提取价值、利用新技术手段来实现大范围获客等领域。预计银行内部薪酬差异化程度将提升，同时薪酬考核目标也将更加多样，这些目标主要锚定经风险调整后的绩效表现。

影子银行系统的进一步增长潜力，主要取决于监管当局对于正规渠道融资和影子渠道融资的取向态度。与此同时，新形式的直接融资模式（如，众筹、P2P等）能够直接联系储户和投资者，其发展对银行传统的金融中介业务（特别是在初创企业融资、小微企业融资等领域）起到了很大的替代作用。这是由于更低的搜索成本，使得匹配出资人和项目开发者更加便捷和有效。通过直接匹配出资人和项目开发者的融资模式，往往具有更低的搜索成本，从而极大地提升了效率水平。

从谷歌到沃达丰在内的大数据公司，都在考虑是否应该在银行交易中扮演更重要的角色，这是因为银行交易业务以数据交换为基础。然而，这些潜在的行业进入者需要认真思考开展哪些银行增值业务为宜，以及他们是否已经做好在流动性管理、风险管理和杠杆管理方面的准备。在新的竞争环境中，传统银行面临的最大威胁就是这些大数据管理公司对银行业务的涉足。上述潜在竞争者的进入，一方面源于大数据管理公司自身的竞争优势，另一方面更是由于银行业以往最大的进入壁垒已经大打折扣——公众信任和自身正当性。

正当性

伴随着银行业高管、交易员及其他职员高额薪资和激励制度的曝光（特别是在银行濒临破产以及由纳税人买单之时），世界范围内银行业的信任度大打折扣。

与此同时，银行正当性下降与客户忠诚度也有关系。随着技术在银行业的作用越来越大，银行客户忠诚度下降的趋势正在加速。新技术的出现正在快速降低切换成本，同时使得客户可以随时随地购物。这也是为何有些银行对新技术持有矛盾的态度。一方面，新技术帮助银行降低成本、重塑后台运营效率同时有助于吸引技术派客户；而另一方面，新技术有可能降低行业的进入门槛，从而加剧了行业竞争。虽然，在新技术的帮助下，众多银行已经实现了成本压降和客户需求的满足，但新技术是否能给银行带来持续性的竞争优势，尚不得而知。在很多情况下，新技术带来的往往是"军备竞赛"，而非明显的收益回报。

信息技术的运用也使银行对传统的基于关系营销、以分支机构为核心的银行模式提出质疑，该模式往往具有高额的固定成本。移动通信技术和移动互联网的兴起为银行创造了全新的发展前景。移动电话可以说是首个几乎被世界所有人群使用的设备，其兼具使用简便和价格低廉的特性。此外，移动电话也具备关系增强功能，人们通过其可以向他人展现自己的生活和个性。

移动数字媒体在新兴市场具有巨大的发展前景，因为在这些地区基于分支机构的传统银行体系和支付基础设施，其发达程度和饱和度都远远未达到欧美国家的水平。此外，新兴市场的移动银行体系也成为促使当地年轻消费者成为银行客户的重要手段。新兴市场的年轻消费者群体展现出更为复杂的行为模式，这主要基于三重因素的叠加：他们新晋的中产阶层地位，精通技术以及年龄优势。在不远的将来，全球金融服务的绝大多数增长将围绕新兴市场的上述人群展开。随着客户交互模式更加数字化，银行与客户的关系由传统的长远合作变得越来越以短期交易为导向，银行需要尽可能扭转这种趋势。在这样的环境下，银行必须加速让数字技术投资成熟落地，从而提升客户参与度、加强与高净值客群的联系并提升与客户互动。

迈向新商业模式

　　目前银行所面临的经济、人口、技术、竞争力、监管和声誉方面的挑战，都不能以零敲碎打的方式处理，因为上述因素都是不可分割地相互联系。在过去的几十年中，部分银行通过修补传统商业模式中的部分要素，从而在经营上实现了成功，但在金融服务的新环境下，这种零敲碎打的修复模式已经完全不够。

　　埃森哲提出了一种设计和采用新商业模式的策略，具体分为三个步骤。首先，其指出了银行需要重点解决的五大战略维度问题，即公司战略定位、客户交互、内部流程，人力资源和激励措施。其次，它将上述要素与行业相关驱动要素建立起对应联系，从而确定需要采取哪些行动来应对行业变化和利用行业机会。最后，确定银行需要着重发展的关键能力，以便成功地适应和胜任新的经营环境。

　　复杂的外部力量正在重塑银行业的竞争格局，银行只有通过上述商业模式的创新才能快速适应。为了使这个过程行之有效，银行在采取新的商业模式时必须从最主要的战略维度出发，审慎考虑如何应对行业驱动因素的巨大变革（这也正是本书之前章节所侧重分析的）。

第一步：明确公司战略方向的主要维度

图6-1列示了上述所说的商业模式创新需要重点解决的五个维度问题。每家银行都需要认真分析其公司战略定位的内容，并认真思考依据此改善内部流程和客户交互，从而使银行能够较好地组织其业务。另外两个关键因素分别是人力资源的数量和质量要求，以及组织内部驱动盈利提升的有效激励机制。

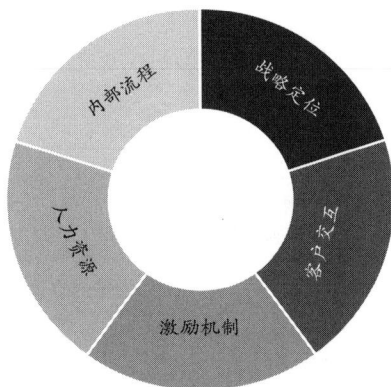

资料来源：Accenture. May 2014。

图 6-1　银行商业模式创新的五大战略维度

第二步：分析变革驱动因素

第二步即将各变革驱动因素（前述章节已进行识别）映射至公司五大战略维度的影响上。我们在图6-2中列示了这一步所包含的具体内容。各家银行应该对该表格中每个单元格内容进行细致分析，因为其中每个驱动因素的变化都有可能影响银行的特定业务。比如，上述因素对零售银行业务、小微金融业务和财富管理业务的影响就截然不同。更为具体如下：

银行战略维度 \ 驱动因素变化	宏观趋势					监管				竞争						合法性			
	人口老龄化	新年轻客群	新兴市场	全球中产阶层	新资本及流动性监管要求	业务隔离	风险管理要求	消费者保护	新税收项目	行业过剩	金融脱媒及新入竞争者	新技术	客户专注	人才争夺战	规模经济	信任度缺失	客户忠诚	利益相关方关系模型	公众对于薪酬激励的指责
战略定位	√		√√	√√						√√	√√	√			√√	√√	√√		
激励机制		√		√√			√√		√√								√√	√√	
人力资源							√	√				√√	√					√√	
内部流程		√			√√	√√						√√			√				
客户交互	√√	√√					√√									√√	√√		

资料来源：Accenture. May 2014。

图 6-2　战略维度：银行业经营环境变革对公司五维战略影响

● **战略定位**：后金融危机时期长期经济趋势调整，银行业的经营生态也随之演进，各家银行应该认真思考如何能在此环境中脱颖而出。具体包括：业务经营的规模及范围选择、全球范围的资源分配策略以及风险偏好。作为商业模式五要素中涉及维度最广的要素，战略定位几乎与本书中介绍的所有驱动要素发生联系。

当宏观环境涉及新兴市场发展和全球中产阶级崛起问题时，它们将对银行业产生更为剧烈的变革影响，因为这两点要素都将在全球范围内深刻改变银行客户的特征。同样而言，诸如发达国家银行业过度饱和、技术变革、潜在竞争对手介入等行业竞争方面的挑战，都是战略定位的主要驱动要素。

最后，在行业监管和正当性方面，还涉及决定战略定位的三大驱动要素：监管关于商行投行业务强制隔离的要求、行业信任度和客户忠诚度的恢复压力，以及投资者信心提振。

● **客户交互**：这个维度包括向客户提供的价值主张，以及如何定义银行与客户的关系（无论实质或是表面）。此维度下的银行业务对社会人口结构高度敏感，特别是关于社会老龄化问题以及对金融服务持有全新态度的新一代消费群体的出现。

监管问题同时也与新形势下客户保护的加强息息相关。这部分分析中最重要的方面应该是如何获客、粘客，以及提升客户忠诚度的问题，这一点在行业信任度下降大背景下尤为重要。启动创新、行业融合以及采用新的客户技术，都将改变消费者对金融服务提供商所提供客户体验的期望。

- 内部流程：成本压力将是银行处理其内部流程时考虑的最主要因素。也许最重要的调整将来自于技术变革，因为目前无论是在后台操作还是在为客户交互提供支持的相关业务中，数字化特征越来越明显。监管要求将具体转化为内部风险模型、资本监管要求和投行商行业务隔离的这些变革上，在设计新的内部流程时上述问题都将带来新的压力。与客户的交互过程将来会越来越多地受到技术的影响，尤其体现在移动互联技术以及数据分析技术上。

- 人力资源：人才将成为银行业新环境和银行新商业模式中的关键因素，因为在此当中，需要精通技术且积极主动的人员来应对监管、同业竞争和客户新需求方面各种棘手的压力。在与人员这一维度相关的变革驱动要素中，主要涉及客户关注焦点以及重振客户忠诚度的需要。对于这一维度来说，极其重要的一点是薪酬政策所面临的挑战，因为薪酬政策目前受到的新监管限制和透明度要求越来越强。简而言之，以上这一切发生的行业背景是，吸引力下降的银行业需要想方设法重新吸引那些有才之士的关注。

- 激励机制：在银行重新思考激励机制时，来自公众舆论和监管机构的压力并不是银行应该考虑的唯一因素。更为重要的是，在新的竞争格局和人口、经济和技术趋势的转变过程中，银行需要在战术层面利用激励机制从而实现战略调整与外部环境变化相一致。在考虑监管压力方面，需要对激励措施进行彻底改革，以满足新的风险管理准则。

第三步：关键能力分析

图6-3总结了银行需要开发的关键能力，以便成功地调整和发展它们的五大维度战略——公司战略定位、客户交互、内部流程、人力资源和激励机制。当谈及公司战略定位时，其关键能力包括：寻找市场的新机会、业务灵活性和适应性，拥有这些能力都是为了更好地适应外部驱动要素的变革，即行业过度饱和、新竞争者进入、金融脱媒、监管新规和新兴市场及其人口特点变化。银行应该使用量化的指标和基准，从而评估自身在预判外部驱动要素变革方面的能力。图6-3同样包含了简化的驱动要素变革列表（见图6-3）。

资料来源：Accenture. May 2014。

图6-3　公司战略维度、驱动要素变革及核心能力

客户交互：进入21世纪，银行在调整客户交互方式以适应行业外部环境的新变化时，需要特别注重以客户为中心，而这其中新技术的吸收与使用成为关键。除此之外，银行同样需要以360度视角审视客户需求，并通过渠道整合从而实现多渠道服务客户。

内部流程：内部流程需要向跨业务职能方向演进，并允许在整个内部组织体系中实施全流程风险管理。最为重要的是，内部流程在适应新的资本要求和投行商行业务分离要求的同时，也不能减小创新的范围。

人力资源：银行构建新的人力资源系统，其最大挑战在于，需要同时应对新监管要求、道德风险以及公众对行业高薪酬的强烈反对。银行需要着重培育人才管理能力，同时还需要培养以顾客满意度、长期视角导向、组织学习及创新为核心的企业文化。而且，银行将需要不断学习如何充分利用来外部组织的资源和人才，这包括第三方业务提供者、合作伙伴和外部劳动力。

激励机制：激励机制的修订完善，不但需要满足关于风险管理和消费者保护的新监管要求，还需要应对道德风险以及公众对行业高薪酬的强烈反对。此方面的关键能力包括，加强公司治理及利益相关方联系，同时培养长期视角的创新文化。此外，该方面的策略能力还体现在及时依据外部商业环境、宏观趋势和金融市场变化进行调整。简而言之，银行将需要建立更多的反应机制以应对上述所有因素的变化，只有这样银行才能更快地改变既有业务模式和运营方式，才能应对来自银行业内部和外部日益激烈的竞争。

银行在培育各项关键能力时（见图6-3）需要采用合适的方法，以便在现有业务不中断且适应市场变化的前提下实现渐进式改变。考虑到上面所提到的细节，我们建议采用业务流程管理法（BPM）来实现价值提升，此方法以基准测试、业务流程定义和内容管理为基础。

BPM法包括三个完全不同的阶段:方法和工具确认阶段、新模型交付阶段和组织转型阶段。成功转型的银行能迅速适应行业环境的变化并脱颖而出，在我们看来，这类银行需要：

- 首席执行官（CEO）持续而明确地传达关于企业文化和组织改进的信号，并主动承担责任来改善目前银行和金融机构缺乏公众信任的现状。银行内部企业文化变革必须贯穿于整个组织的治理过程中，并且在价值导向和激励机制上有所体现。

- 坚定承诺将遵循为客户创造价值的原则，而不是简单地承诺盈利原则或监管遵从原则。传统的银行业服务是基于生命周期的方法，未来将让位给基于行为和科技的方法。

- 重新定义银行以分支机构为中心的传统概念，从而使客户能够以他们偏好的方式来与银行进行交互。

- 为了应对市场环境中人口趋势和经济趋势的变化，能够有意愿在地理布局和业务组合方面探索并采用新的战略定位。

- 将转型目标细化到每个员工的工作中，具体包括风险管理、客户中心和效率提升。而非将这些目标局限于某个部门或每个业务单元。

- 有必要将监管合规视作创造新能力的机会，而非麻烦事，因为这将使银行或金融机构能够与同业更好地开展竞争。

- 重视创新商业模式和新技术运用的重要性，因为这是应对外部环境变化所带来的各类威胁与机会的关键，也因如此，这种根本性改变不能通过在现有系统和能力上的简单补充来实现。

银行业新商业模式的业绩指标

包含图6-3中五个维度的新商业模式将不仅仅要求开发新的关键能力（图中所列示的），其同时要求重新涉及衡量业绩表现的主要指标。这将需要考虑不同维度之间的相互联系，以及其背后的驱动因素变化，同时设计一套更为广泛的指标体系，用以反映除投资者之外不断扩大的银行利益相关方的要求。图6-4总结了我们关于更广泛的业绩指标设计的建议。

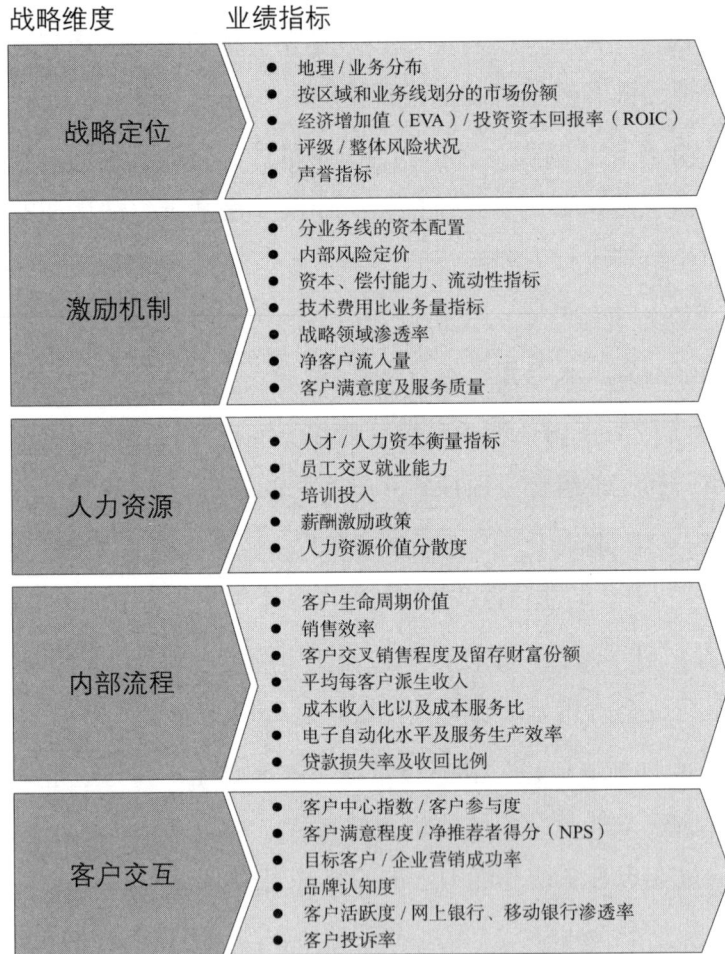

战略维度	业绩指标
战略定位	● 地理/业务分布 ● 按区域和业务线划分的市场份额 ● 经济增加值（EVA）/投资资本回报率（ROIC） ● 评级/整体风险状况 ● 声誉指标
激励机制	● 分业务线的资本配置 ● 内部风险定价 ● 资本、偿付能力、流动性指标 ● 技术费用比业务量指标 ● 战略领域渗透率 ● 净客户流入量 ● 客户满意度及服务质量
人力资源	● 人才/人力资本衡量指标 ● 员工交叉就业能力 ● 培训投入 ● 薪酬激励政策 ● 人力资源价值分散度
内部流程	● 客户生命周期价值 ● 销售效率 ● 客户交叉销售程度及留存财富份额 ● 平均每客户派生收入 ● 成本收入比以及成本服务比 ● 电子自动化水平及服务生产效率 ● 贷款损失率及收回比例
客户交互	● 客户中心指数/客户参与度 ● 客户满意程度/净推荐者得分（NPS） ● 目标客户/企业营销成功率 ● 品牌认知度 ● 客户活跃度/网上银行、移动银行渗透率 ● 客户投诉率

资料来源：Accenture. May 2014。

图6-4 公司战略维度及业绩指标

　　使用这样一种业绩评价体系，不仅可以使银行对自身整体业绩有更全面的了解，而且还能让银行有一个前瞻性的视角来审视其发展方向。与单纯的经济或金融的评测手段（主要基于事后业绩评判）完全不同，基于银行新商业模式的业绩指标体系不仅需要客观评价当前业务开展情况，同时还要了解银行在适应不断变化的商业环境中有何准备。

银行业发展愿景及途径

全球银行业的格局已经发生了变化，而且未来极有可能发生更加巨大的变化。各国银行业的生态格局也已发生变化。银行和金融机构面临着一系列新的机遇和挑战。在这种一日千里的外界环境中，被动反应的银行将无所适从。相反，各家银行需要采取更加积极主动的态度，进而重构以盈利性、可持续性和社会有益性为导向的银行业新商业模式。这客观要求银行充分反应和利用人口、监管、经济及科技驱动要素的变化。银行不能再按照过去使用的规则行事。外部环境的变化已经带来游戏规则的变化，这客观上要求银行业进行内部改进。

正确面对战略抉择

我们在本书中所探讨的经济、监管、竞争、客户和技术五方面的变革，使得银行高管层在考虑公司战略问题时面临极其复杂的环境。然而，不断改变的并非只是战略计划本身。当前银行商业环境的特点是，许多塑造世界的重要影响因素存在不确定性和波动性。银行同其他公司一样，面临许多长期的变化，比如新兴市场经济体的崛起、当地人口和银行的快速增长等，这都客观要求银行对经营思路进行根本性转变。但是，这其中的一些变化（基本性、不确定性的变化）演进速度极快，比如银行用户转向数字化交互业务以及竞争对手转向数字化商业模式。

尽管银行的高管层能够勾勒出他们所面临的战略性机遇和挑战，但其所面临的外界环境并非是静态的。董事会和首席执行官们的反应不再像危机前那样直截了当，因为彼时规模和利润增长成为董事会的唯一看重目标。现在，为了在行业竞争中立于不败之地，银行必须满足多重目标要求。其一，银行必须更好地满足更广泛的利益相关者的需求，这意味着在满足公司股东需求的同时，还需要满足监管机构、客户以及日常有接触的社会组织机构的各类需求。其二，在面对一个更为复杂的商业环境时，银行需要找到一条可持续增长的发展路径，这需要重新关注风险管理及业务发展可持续性。其三，银行目前所构建的商业模式和经营模式需要符合数字化时代这个大背景。以上因素将为银行带来全新的战略进程，当然其中也包含着各方面的矛盾。

- 银行面临着各种各样的新监管要求，这都将对商业战略、运营模式和企业文化带来系列巨大变化。对大多数银行来说，在补充资本并修复资产负债表的同时，也被迫增加信贷供给以支持脆弱的经济增长。通过全球化的经营和风险管理来平抑监管的影响，这种尝试也面临着挑战，因为尽管全球监管原则的同步性在增强，但银行面临着各地区域性的监管调整。

当银行试图回归到通过壮大现有企业客户、业务规模及零售客户来加速增长时，监管规定对风险隔离、特定业务资本密度等提出了新的要求，这使得银行不得不压缩某些业务的规模，甚至完全退出该业务领域。此外，大多数银行必须在其技术和业务流程中投入大量资金，以符合监管新规的要求，同时银行还需要为技术升级和服务创新寻求资金投资，这样才能跟上行业竞争的步伐并满足客户不断提升的期望及需求。

- 金融危机中，银行在客户、监管机构和员工心中的信任度与正当性都受到了严重冲击，而这种信任和基于信用的金融本质一样重要。然而，银行必须恢复客户和利益相关者的信任，以便获得与现有客户开展更多业务的机会，同时也有助于扩展服务范围，最终成为客户真正的合作伙伴。为了谋求新的增长，银行可能会追求新的客群，比如那些天生不信任银行的群体。银行还必须修复产品体系、销售流程和激励机制，从而在客户面前变得更加公平和透明，这不仅是为了重新获得公众信任，更是为了避免未来再发生错误销售或市场操纵的丑闻，同时也有助于提升银行销售效率。除此之外，随着声誉受损、薪酬审查从严以及对高附加值技术技能的需求增加，银行必须与新晋竞争者在顶尖人才方面进行争夺，尽管银行领域的工作对许多人来说吸引力正不断降低。

- 与此同时，当世界各地监管机构重塑银行业竞争力之时，越来越多其他行业的企业正寻求在金融服务领域站稳脚跟。因此，银行业的进入门槛正不断降低。在某些情况下，银行将不得不需要新进入者更多地进入行业关键基础设施领域，比如支付工具领域，但与此同时他们必须开发新途径来争取客户以及实现差异化经营。

随着数字化进程、客户交互以及数据流的增加，银行将变得更像数据处理企业，即管理数据并向客户提供相关服务，与此同时银行也需要抵御新进入的竞争对手，这其中很多是以电信企业和科技公司为代表的数据处理领域的领导者。部分新进入者已经在尝试全新的经济和商业模式；正如谷歌重构广告业务、苹果挑战传统音乐业务那样，银行在维护和扩大现有商业模式的基础上，必须确定何种新的金融服务盈利模式未来可行。

- 目前许多客户的规模和盈利增长都与发展中市场的发展息息相关，然而大部分的西方银行过往却收窄了全球业务，并选择将资本集聚于核心市场。当然，在许多发展中市场，银行在抓住新的增长机遇方面也面临着特殊挑战。因为，在这些市场中，企业、机构和高净值客户希望得到更为复杂、更精细的产品和服务，然而包括低收入阶层和新兴中产阶层在内的新客户群体，则需要低成本的大众化产品。

与此同时，不断增长的新兴市场巨头正越来越多地关注海外市场；尽管在西方市场建立业务对扩大资本市场业务和贸易融资业务等至关重要，但相对而言在新兴市场的业务，其利润回报水平可能更大。无论地处哪国，各银行均会有在海外市场获得扩张机会的意图，但这种扩张往往会遇到当地政府的反补贴政策以及限制分支机构扩张的制度。

与此同时，整个行业也面临着盈利挑战。在大多数发达市场，银行盈利水平处于并且预计将持续处于低位；尽管在许多新兴市场，盈利能力得到了处于健康水平的利润率的有效支撑，但相关政策和竞争加剧也正在逐步压低行业利润率。与此同时，一方面银行需要恢复或维持盈利水平，而另一方面它们却被要求提高资本水平以支持现有的资产负债表规模，这将增大分母从而拉低净资产收益率（ROE）的水平。

面对收入和资产增长的限制，银行将需要考虑调整和优化其成本结构，从而提高盈利表现。预计大部分银行仍将维持较高固定支出的成本结构——即通过实体分支机构为客户提供大众化的服务。尽管越来越多的客户交互转向数字化手段，但这些实体分支机构仍是有价值的资产，但上述银行也必须做好准备与那些反应灵活的轻资产模式新进者竞争。与此同时，银行将需要更新和升级自身技术水平，以加强对风险资产的管理和控制，但又要避免固定成本的大幅增加。

新格局下的新经营原则

银行业赢家和输家的诞生，取决于谁能驾驭上述复杂的经营环境以及其内在矛盾的悖论关系。然而，由于国内市场、全球要素和银行商业模式都存在异质性，因此并不存在一种简单易行的办法来有效解决银行的战略难题。但是，我们认为，业绩表现突出的银行却具备一系列共同点。

传统的管理学理论仍将有其一席之地——调整资产负债表管理策略使之与经济周期相适应，在客户生命周期中不断强化彼此关系，做好复杂的流动性管理工作等。在过去的十年里，一些变化已经潜移默化地发生，比如通过新兴技术渠道重塑与客户的交互、以零售商的逻辑重新思考零售银行业务的发展等，这些变化未来将继续发挥作用。当然，在未来的几十年里，将需要一套新的原则来指导银行内部组织的领导。

- 注重利益相关方的价值创造。银行需要以更广泛的视角来关注其业务经营成果，即关注对公共社会、监管机构、投资者以及客户的影响，这将有助于重振银行业的正当性，同时也有助于反映国家与银行之间隐含的契约关系（对于那些受救助的银行而言）。这些业务经营成果包括促进经济增长、金融包容性、提升客户参与度以及可持续的股东价值创造等，这个过程可以通过银行提升管理透明度、公司内部治理和价值管理来实现。

- 重新思考客户的关注点。不断增加的产品和服务数据可获得性，提升了消费者在各个零售业务领域的话语权；同时，市场对消费者保护的关注度不断提升，这都客观要求银行业务切实做到以客户为中心。这意味着，银行需要通过关注更广泛的客户需求来重新思考和调整商业模式，具体对于零售业务而言，这涉及客户的生活方式、生命周期以及经济需求，因此银行不能像以往那样仅仅关注自身的金融产品营销情况。在某些情况下，这将深刻改变传统的盈利模式、盈利过程和盈利行为，从而转向与客户价值分享的模式并提升双方合作关系。

- **战略性的资产负债表管理。** 新的监管框架意味着，银行需要在外部金融生态和内部业务开展的大背景下，重新聚焦和审视自身经济利润与承担风险之间的平衡。这既涉及公司宏观战略，也涉及微观业务经营。从战略层面来说，银行将需要作出更加动态的选择，从而决定如何在各业务条线、各经营区域实现业务的扩张或收缩。从经营层面而言，这要求银行在进行跨业务线的产品设计和定价时，充分考虑资本成本、流动性以及资金成本等因素。以上原则在内嵌入风险管理同时也需要纳入前台业务线的行为中，特别是资本市场业务、公司银行业务以及咨询销售业务。

- **强化银行信息业务的地位。** 一直以来，银行开展的各项业务其实就具有信息业务的性质，但新能力和技术的普及正在深刻改变信息科技的范式，无论是工具还是战略能力方面。正如我们在第五章所讨论的，数字化技术正不断改变着银行与客户的交互关系以及所提供金融服务的内容。然而，从高频交易到零售客户互动，再到银行存储数据的货币化，目前信息技术正在不断重新定义银行的商业模式，同时也赋予了银行更多的竞争能力。

- **在新的竞争领域立足。** 交叉行业的互相融合和彼此颠覆正在重塑客户市场，尤其是那些存在大量信息流可以被去中介化的领域，正经历着技术进步带来的重构。金融服务已成为科技企业以及拥有大客群基础企业的目标进军领域，同时金融科技也应运而生。银行将逐步意识到新竞争压力的存在，从而提升自己的反应速度并倾向于选择全新的商业模式，当然这种模式可以通过自身创新、建立合作伙伴关系，或是通过收购来实现。

- 提升战略灵活性。一方面，全球市场联动和国际资本流动的日益紧密，客观要求银行提升自身的反应速度。另一方面，新兴力量的崛起和变革步伐的加速，也需要银行加快反应速度并提升商业模式的灵活性。许多银行受到历史业务、既有流程和技术复杂性的束缚，因为上述约束增加了转换成本，从而使得银行反应缓慢。这些银行越来越需要采用一种反应灵活、成本有效、风险可控的方式来适应市场竞争格局的变化。一个新的业务经营平台是必不可少的，虽然它不完全关乎成本问题，但在这个过程中有效的成本管理仍是必要的。传统的银行经营往往采用重资产的商业模式，即完全通过自身构建主要的经营服务能力来满足业务开展的需求。将来，银行需要逐步向轻资产转型，即可以考虑将部分业务相关的软硬件、所使用的人工实行外包，从而可以充分利用外部供应商带来的规模经济效应，比如在信息合成和传播方面。

银行业未来展望

我们对行业前景的展望，要求银行采取一些不一样的策略。银行是经济中不可或缺的重要角色，但从银行目前为客户和经济所提供服务的宽度和广度来看，其实现的这些功能是无法完美替代的。但是，和以往任何时候相比，监管者、创新机构以及银行自身都在思考银行业下一步将如何发展。

关于银行业未来的发展，最重要的系列问题在于其规模及增速会如何？银行是否会被其他机构打败？银行的功能是否会被取代？因为上述关心的这些问题在其他行业已经确有发生。这主要发生在具有监管垄断或寡头垄断的行业，特别是那些存在企业垂直和水平整合的领域，对于那些大而不能倒的公司更为明显。那些业务经营模式不能跟上技术发展步伐及客户偏好的企业，将慢慢被行业所淘汰。我们可以想想这几个熟悉的名字：标准石油公司（Standard Oil）、瑞士航空（Swissair）、Borders连锁书店、柯达（Kodak）、HMV公司和百事达公司（Blockbuster）。

对于银行业，特别是对于西方银行业而言，此类情况更为明显。银行未来的定位是继续在必需的金融服务领域，以低成本、同质化的手段提供简单的公用服务？还是通过保持与客户信任与亲密的关系来维系并拓展业务？

解决上述问题的一个行之有效的方法是，从其他行业曾经发生的变革来汲取经验教训。比如，适时制（Just-in-time, JIT）[①]生产模式是通过减少生产链条中的时间浪费来提升整个商业运营的效率。该方法产生于20世纪70年代的日本，并迅速被全球制造业所接纳和使用。适时制方法有助于企业改善成本基础、提升经营灵活性并提升客户所关注的产品质量。通过对融入和整合系列技术（包括，改进需求预期、持续性的过程优化、以减少库存为目标的供应链整合等），适时制方法已经成为现代制造技术背后的关键理念，并已成功应用于众多行业和商业流程当中。

一种与适时制相类似的方法现在也能运用到银行业中，其有助于增加对客户的关注，并能提升经营效率和管理灵活度。当银行业务的数字化程度越来越高、客户使用银行业务的频率不断提高，同时随着不断深入公司客户的金融供应链中，银行与客户之间的交互和交易业

---

① 译者注：适时制（Just-in-time）生产是在精确测定生产各工艺环节作业效率的前提下按订单准确的计划，消除一切无效作业与消费为目标的一种管理模式。

务量将不断增加。银行也不断通过更丰富的渠道和更多的合作伙伴来捕捉和利用这种客户互动关系，这使得银行业服务环境更加复杂。尽管上述与客户的交互不一定能带来直接的收入贡献，但往往需要组织内外部大量信息才能实现。正因如此，传统的银行模式将难以在必要的处理速度和可以接受的成本范围内完成与客户的上述交互业务。

随着客户需求变得更加的复杂化和个性化（无论零售客户还是公司客户均如此），银行有必要借助于以下两个方面，一是实现客户深度分析；二是动态整合内外部既有产品服务的能力（无须创造定制化产品）。而采用适时制（JIT）的银行，只需要利用新技术构建一个实时操作平台，就可以应对客户在实时互动服务和海量信息需求方面的挑战。通过构建一系列管理服务操作和云计算应用程序，同时加上现代化核心银行技术，银行就可以扩展和整合供应链的上下游从而满足客户需求，实际上在这个过程中银行本身无须构建和拥有产业链的所有基础设施和功能。以上这些服务可以覆盖从文档处理到支付业务、业务分析、客户管理甚至代发产品等诸多方面，而在此过程中银行业可以成为行业标准服务制定者以及技术提供商。

以往银行在基础设施、技术和人力资源方面投入大量的固定成本，以应对服务量的"峰值负荷"，我们觉得这是不可取的。相反，银行可以借助外部服务供应商，根据客户需求的多少变化从而动态地调整技术及产品的供应量，这种模式下服务成本往往是灵活可控的。推动银行实现适时制的一个关键因素在于尽可能实现业务流程自动化，从而减少人工干预，这将有助于银行信息实时传递、流程自动化控制以及风险管理和分析。

将经营模式向适时制（JIT）调整，将使银行能够更好地控制和理解其内在的各项运营成本，因为供应链对于各项流程和服务是有详细度量和定价的。通过向服务集成的经营模式演进，银行应该能够重新整合各项产品、流程和服务，以适应动态变化的外部市场。采用适时制模式，银行高管层和员工都可以重新将主要精力聚焦于最富挑战的领域，即客户关系管理、风险管理和资产负债管理上，同时也有助于银行在竞争过程中保持正确的战略方向。

注释

第一章

1　Gregory R. Samanez-Larkin, "Financial Decision Making and the Aging Brain," Observer 26 (5) (May/June 2013), accessed August 17, 2013, http://www.psychologicalscience.org/index.php/publications/observer/2013/may-june-13/financial-decision-making-and-the-aging-brain.html.

2　S. Agarwal, J. C. Driscoll, X. Gabaix, and D. I. Laibson, "The Age of Reason:Financial Decisions Over the Life-Cycle with Implications for Regulation,"*Brookings Papers on Economic Activity*, 40 (2009): 51–117.

3　A. Luzardo and O. S. Mitchell, "Financial Literacy and Retirement Planning in the United States," *Journal of Pension Economics and Finance* 10(4) (2011).

4　Capgemini and Merrill Lynch Global Wealth Management, *World Wealth Report* 2011 (2011) .

5　Zheng Liu and Mark M. Spiegel, "Boomer Retirement: Headwinds for U.S.Equity Markets？" Federal Reserve Bank of San Francisco, Economic Letter 2011-26.

6　Capgemini and RBC Wealth Management, *World Wealth Report 2013* (2013), p. 7.

7　Asli Demirgüç-Kunt, Leora F. Klapper, and Dorothe Singer, *Financial Inclusion and Legal Discrimination Against Women: Evidence from Developing Countries*, World Bank Policy Research Working Paper No. 6416 (April 1,2013).

8　Homi Kharas, *The Emerging Middle Class in Developing Countries*, OECD (2010).

9　Pew Research Center, *Millennials: A Portrait of Generation Next* (February 2010).

第二章

10　Some recent examples in this direction are: Switzerland re-examining its own bank capital rules; U.S. pursuing its own subsidiarization rules with some foreign banks, such as Deutsche Bank, changing its U.S. investment banking structure to no longer be a fully licensed bank.; U.K. differences with the rest of Europe regarding FTT and caps on bank bonus.ban

11　Andrew Haldane, Bank of England, "The Contribution of the Financial Sector—Miracle or Mirage?," annex to speech given at the Future of Finance Conference in London, July 14, 2010.

12　Andrew G. Haldane, Bank of England, "On Being the Right Size," speech at Institute of Economic Affairs' 22nd Annual Series, The 2012 Beesley Lectures at the Institute of Directors, Pall Mall, October 25, 2012, http:// www.bankofengland.co.uk/publications/Pages/speeches/default.aspx.

13　Mike Mariathasan and Ouarda Merrouche, "Capital Adequacy and Hidden Risk," *Vox: Research-Based Policy Analysis and Commentary from Leading Economists*, June 2013, http://www.voxeu.org/article/capital-adequacy-and -hidden-risk?quicktabs_tabbed_recent_articles_block=0.

14   Haldane, "On Being the Right Size."

15   *High-Level Expert Group on Reforming the Structure of the E.U. Banking Sector*,chaired by Erkki Liikanen, Final Report, Brussels, October 2, 2012.

16   Olena Havrylchyk and Gunther Capelle-Blancard, "The Ability of Banks to Shift Taxes to Their Customers," *LabeX ReFi*, April 2013.

第三章

17   "China's Big Banks: Giant Reality-Check," *The Economist*, August 31, 2013.

18   Arnold W.A. Boot and Anjan V.Thakor, "Financial System Architecture," *The Review of Financial Studies*, 10 (3) (Autumn,1997): 693–733.

19   Stephen G. Cecchetti and Enisse Kharroubi, "Reassessing the Impact of Finance on Growth," BIS Working Papers No. 381, Monetary and Economic Department, July 2012.

20   Andrew Haldane, Bank of England, "The Contribution of the Financial Sector—Miracle or Mirage?," annex to speech given at the Future of Finance Conference in London, July 14, 2010.

21   McKinsey on Finance, Number 47, Summer 2013.

22   Allen N. Berger and Loretta J. Mester, "Inside the Black Box: What Explains Differences in the Efficiencies of Financial Institutions?," *Journal of Banking and Finance*, July 21, 1997, 895–947.

23   Andrew G. Haldane, Bank of England, "On Being the Right Size," speech at Institute of Economic Affairs' 22nd Annual Series, The 2012 Beesley Lectures at the Institute of Directors, Pall Mall, October 25, 2012.

24   Loretta J. Mester and Joseph P. Hughes, "Who Said Large Banks Don't Experience Scale Economies? Evidence from a Risk-Return-Driven

Cost Function," *Journal of Financial Intermediation*, 22 (October 2013),pp. 559-585.

25　TNS Global, "Stopping the Itch to Switch—Why Retail Banking Can't Bank on Customer Loyalty," 2013. http://www.tnsglobal.com/ other-news/stopping -itch-switch-why-retail-banking-can%E2%80%99t-ban k-customer-loyalty -part-2.

26　Payments Council, "Results Published Covering First Three Months of New Current Account Switch service," January 16, 2014, http:// www.paymentscouncil.org.uk/media_centre/press_releases/-/page/2798/.

27　Francisco Gonzalez, "Banks Need to Take on Amazon and Google or Die," *Financial Times*, March 12, 2013.

28　Thomas Philippon and Ariell Reshef, *Wages and Human Capital in the U.S.Financial Industry*: 1909-2006, New York University, 2011.

29　Financial Stability Board, "Strengthening Oversight and Regulation of Shadow Banking," August 29, 2013.

30　*The Economist*, "Shadow Banking in China: Credit Paroled," February 1,2014, http://www.economist.com/news/ finance-and-economics/21595483 -big-default-averted-credit-paroled; Charles Riley, "China's $500 Million Shadow Bank Rescue," CNN. com, January 28, 2014, http://money.cnn.com/2014/01/28/investing/ china-icbc-default/.

第四章

31　Accenture and Efma, REBanking: *Insight for Banks from the Retailing Sector (2013)*; Capgemini, *2012 Retail Banking Voice of the Customer Survey*.

32　Sandra L. Suárez, "Reciprocal Policy Diffusion: The Regulation of Executive Compensation in the UK and the US," *Journal of Public Affairs* (2012).

33　Capgemini, *2012 Retail Banking Voice of the Customer Survey*

34 Jonathan Camhi, "Convenience No. 1 Factor in Customer Loyalty for Banks, Study Finds," *Bank Systems & Technology*, accessed August 23, 2013, http://www.banktech.com/channels/convenience-no-1-factor-in-customer-loya/240154006; Bain & Co., *Customer Loyalty in Retail Banking* (2012).

第五章

35 Juan Pedro Moreno, "Banking at a Digital Crossroads," *Financial Time*，January 28, 2014.

36 Accenture, 2013 *Innovation Survey*.

37 Aite Group, http://www.aitegroup.com/Reports/ReportDetail.aspx?record ItemID=931, accessed July 20, 2013.

38 GSMA, *State of the Industry: Results from the 2012 Global Mobile Money Adoption Survey* (2012).

39 Ernst & Young, *Global Consumer Banking Survey* (2012).

40 comScore, *Financial Services MobiLens Re-Contact Survey*, April June 2011.

41 First Data, "First Data Global Study Reveals That Consumers Worldwide Seek the Same Technology Experience," June 19, 2013, accessed July 20, 2013, http://www.firstdata.com/en_us/ about-first data/ media/ press-releases/ 06_19_13.html.

42 Joel Berg, "Social Media Most Likely to Lead to Your Bank's Next Sale," *American Banker*, August 1, 2013.

43 Asli Demirguc Kunt and Lora F. Klapper, *Measuring Financial Inclusion*, World Bank Policy Research Working Paper No. 6025 (2012).

44 Mary Wisniewski, "Consumers More Willing to Pay for Mobile Banking: Study," *American Banker*, June 24, 2013.

45 McKinsey, Micro-, *Small and Medium-Sized Enterprises in Emerging Markets: How Banks Can Grasp a $350 Billion Opportunity* (2012).

46　Accenture, Mobile Banking Case Studies (2010); Bain & Company, The Digital Challenge to Retail Banks (2012).

47　Berg, "Social Media Most Likely to Lead to Your Bank's Next Sale

48　Accenture, *Mobile Banking Case Studies*.

49　Accenture, *Mobile Banking Case Studies; Accenture, Consumer Mobile Payments Survey 2013*.

50　Accenture and EFMA, *Insight First ! Leveraging Analytics to Engage with Customers* (2010).

51　Accenture, *Consumer Mobile Payments Survey 2013*.

52　Accenture and Efma, *REBanking: Insight for Banks from the REtailing Sector* (2013).

译者后记

　　金融业是经济活动的中心，银行业是金融业的重要组成部分。银行业是一门古老的行业，也是一个日新月异的行业。三位译者多年来一直就职于银行或从事银行业研究，持续关注中国银行业发展的理论和实践。出于工作需要及学术兴趣，在中国金融出版社的支持下，得以翻译《A New Era in Banking：The Landscape After the Battle》这本书并公开出版。中国金融出版社李融女士和董飞女士为本书的出版做了大量认真细致的工作，在此向她们致以诚挚的感谢。

　　我们正步入一个全新的时代，银行需要积极应对随之而来的变化。现阶段，中国银行业经营环境的复杂程度是过往难以想象的，行业监管日趋严格，利率市场化挤压利差空间，金融脱媒趋势明显，粗放的增长方式难以为继，银行业发展面临空前挑战。与此同时，互联网与银行业的深度融合，人民币国际化的步伐加快，也带来了诸多新机遇，智慧化银行、轻型化银行、国际化银行等发展趋势应运而生。站在银行业改革的十字路口，我们需要认真思考，如何培育银行新的商业模式，未来的银行业何去何从。"他山之石，可以攻玉"。在探讨这些问题时，应当树立全球视野，借鉴国际经验。把发达市场经济国家相关的前沿动态和学术智慧引入到中国金融业中，能够为中国的行业监管者、从业者做些许的参考，这是我们翻译此书的初衷。

原著共有四位作者，其中安赫尔·贝尔赫斯（Angel Berges）和埃米略·昂提沃罗丝（Emilio Ontiveros）是马德里自治大学的教授，两人同为国际财经分析学会（Analistas Financieros Internacionales，AFI）的创始人，AFI是西班牙领先的金融咨询公司，原著中也多处援引了AFI的研究报告。莫洛·F.吉伦（Mauro F. Guillén）是沃顿商学院的教授，胡安·佩德罗·莫雷诺（Juan Pedro Moreno）是埃森哲的高管。四位作者的背景横跨理论研究与咨询实务，在银行业研究方面有很深的造诣。对未来银行业格局这一宏大的命题，他们用通俗易懂的笔画勾勒出一个全面的图景。

作者认为，把应对金融危机的特殊措施视为重塑银行业的唯一或是最重要因素，这种观点并不准确。银行业转型的深层次原因，在于经济、人口、监管和科技的发展趋势。经济同人口方面，新兴市场的经济实力不断增强、新中产阶级崛起、人口老龄化等人口结构方面的巨大变化，决定了银行未来的客户群体。监管要求方面，金融危机揭露了银行系统的脆弱性和过往监管措施的失效，银行需要拥有更多的资本，同时要将传统商业银行活动与其他高风险业务进行隔离。科技发展方面，大量新技术的快速普及，对银行后台业务、分销渠道、消费者行为方式产生了重要影响，迫使银行需要变革传统的经营模式。上述多个因素的交互作用，共同塑造了银行业未来的格局，也开创了一个全新的竞争时代。需要说明的是，原著于2014年9月出版，时至今日，书中的主要观点不仅没有过时，反而在当下的银行业实践中陆续得到验证，这增加了我们翻译此书的紧迫感。

严复先生在《天演论·译例言》中提出了"信、达、雅"的译事三原则，此观点流传甚广，成为中国翻译界的经典标准，也是译者的不懈追求。译著不是对原著的单纯摹写，机械地用译入语进行复制，而是需要译者通过创造性劳动，在原著和读者之间搭建起桥梁。完成一部合格的译著并非易事，需要长时间斟酌，目光在原著和译文之间辗转，思虑在国际经验与中国实践之间徘徊，生怕误解原著或误导读者。在翻译过程中，我们力图原汁原味地展现作者的思想和观点，为便于读者理解全文，我们增加了部分注释。

最后，由于译者的能力和视野所限，译文中难免会存在疏漏和不当之处，恳请读者海涵并不吝赐教。

译者

2018 年 5 月 18 日